明治維新の正体〔新書改訂版〕

目次

第五章　慶喜が条約勅許を得る

第六章　イギリスが薩長を支援…… 199

第七章　徳川慶喜の決意

第八章　大政奉還の思想

第一章
維新の先駆者徳川慶喜

幕府瓦解後の慶喜

最後の将軍徳川慶喜は、明治の代に替わって三十余年後の明治三十一年（一八九八年）三月二日、かつて江戸城だった皇居へ参内して明治天皇に拝謁した。有栖川宮威仁親王の仲介によるものである。このとき慶喜は六十二歳、明治天皇は四十七歳であった。天皇と皇后は、伺候した徳川慶喜を心温かくもてなした、という。

さらに十年後の明治四十一年四月三十日、慶喜は、大政奉還の功績により、明治天皇から勲一等旭日大綬章を授与された。このことこそ、

「徳川慶喜が大政奉還を行ったから、明治維新が成就したのだ」

ということの証なのである。

慶喜にとって、幕府が瓦解してからの四十余年間は長い道のりだった。

江戸城が慶応四年（一八六八年）四月十一日に新政府軍に明け渡されると、慶喜は解官し、上野の寛永寺大慈院を出て水戸へ向かい、藩校弘道館にて謹慎。五月に徳川宗家が駿府（静岡）七十万石に移封されると、七月に慶喜も駿府へ移って謹慎を続けた。

箱館五稜郭に立てこもっていた榎本武揚が明治二年（一八六九年）五月十八日に降伏して戊辰戦争が終わると、慶喜は同年九月二十八日に謹慎を解かれたが、三十三歳の壮年盛りの慶喜には何も仕事が無く、手習いか趣味で時間を潰すしかなかった。

慶喜の明治五年一月二日は鷹狩り、四日も鷹狩り、五日も鷹狩り、八日は乗馬、十日は鷹狩り、十三日も鷹狩り。二月に入ると鉄砲に打ち込み、二月二十七日は近村に鉄砲を撃ちに出かけ、二十九日も鉄砲、三月三日も鉄砲。気温が暖かくなった四月七日（陽暦五月十三日）には人力車で清水港へ行って投網（とあみ）を始め、九日も人力車で清水港へ行って投網。十日も人力車で清水港、十二日・十三日・十四日も人力車で清水港、十六日・十八日・十九日も清水港。四月下旬も五月も清水港で投網に熱中した。

世情では、明治七年に国会開設を求める『民撰議院設立建白書』が提出され、自由民権運動が高揚し、明治十三年に「国会期成同盟」が結成された。

そして明治二十三年に衆議院と貴族院からなる「帝国議会」が開設された。このとき、政治とはまったく無縁の投網、乗馬など無為の隠遁生活を送っていた慶喜五十四歳は、

「菊作り、菊見るときは、陰の人」

といった境地だったのだろうか。

徳川慶喜は、明治二十六年以降は写真撮影に熱中した。今なお残された慶喜撮影の写真類は、当時の日本の面影を正確に伝えている。

慶喜は、幕府瓦解後、政治とはまったく関わりをもたず、鷹狩・乗馬・銃猟・投網・弓道のような体力系や、囲碁・謡曲・刺繍（ししゅう）など文化系、さらには写真・油絵など舶来系まで幅広い趣味に没頭する生活を送り、居住した静岡の人々から親しまれた。

慶喜の静岡におけるエピソードとして、『東京日日新聞』（現『毎日新聞』）明治七年二月二十二日は、慶喜が駿河や伊豆の山々に産する百合を自ら鍬を取って掘り、人を指導して掘らせ、外国へ輸出して、そこそこ利益を上げた、と伝えている。

また『朝野新聞』明治十二年八月三十一日によれば慶喜は、静岡県の古戦場三方ヶ原の荒地三万坪に五百人の士民を移住させて茶の栽培に勤しみ、千斤の茶を産出して、相応の利益を上げた、とのことである。

『読売新聞』明治二十七年七月二日では、病気療養中の慶喜に対して、幕府の昔より昵懇深かった露国皇帝陛下より直筆の見舞状が届けられた、と報道している。

そして前述のとおり慶喜は、明治三十一年に明治天皇に拝謁。明治三十三年には麝香間への祗候を許され、明治三十五年に公爵に叙せられ、貴族院議員に就任した。

明治四十一年に大政奉還の功績により明治天皇から勲一等旭日大綬章を授与され、慶喜が大政奉還を行ったから明治維新が成就したのだ、ということが内外に認められると、慶喜は明治四十三年に家督を七男慶久に譲って貴族院議員を辞し、隠居。

再び趣味に没頭する生活を送り、大正二年に病没した。

徳川慶喜は、議会開設を想定して大政奉還を行い、幕府瓦解後は永い永い無為の隠遁生活を送り、ついには帝国議会の開設を見届け、さらに自身が貴族院議員となり、家督を息子に譲り、すべてを見届けて、静かにこの世を去ったのである。

慶喜に期待した阿部正弘

徳川慶喜は、天保八年（一八三七年）、江戸小石川の水戸藩邸で水戸藩主徳川斉昭の七男として生まれた。斉昭は教育方針を、

「子女は、江戸の華美な風俗に馴染まぬよう、国元の水戸で教育する」

とし、慶喜は生後七カ月で江戸から水戸へ移り、弘化四年（一八四七年）まで九年間を過ごす。慶喜はこの間、藩校弘道館で会沢正志斎らから学問・武術を教授された。

慶喜の英邁さは、幼少期から注目されていた。

斉昭は、英邁な慶喜を水戸藩主に据えることも想定して、長男慶篤の控えとすべく、手許に置き、他家への養子には出さなかったのである。

幕府はこの時期、アメリカからの開国要求という、外交上の難問を抱えていた。

弘化三年（一八四六年）、アメリカ対日使節として東インド艦隊司令長官ビッドル提督がコロムバス、ヴィンセンズの軍艦二隻で浦賀沖へ現われ、浦賀奉行に対し、

「来航の目的は日本が通商を開始する意思があるかどうか、打診するためである」

と告げた。

これに対し首席老中阿部正弘は、

「新たに外国と通信・通商を行うことは国禁である。外交は長崎にて執り行う」

と返答し、ビッドル提督はこの返事を受けて空しく江戸湾から退去した。

とりあえずは一難去った、ということである。

だが阿部正弘は、ビッドル提督の来航が大乱世の序章であることを理解していた。阿部が懸念したようにアメリカ国内では、

「ビッドル提督の態度は軟弱であり、行動が緩慢であり、用意周到でなかった」

という厳しい批判の声が上がる。要するに、「子供の使いじゃなかろうが！」ということだ。

そして、

「一大艦隊を派遣して、日本に開国を迫るべし」

との意見が強く起こり、とくにアメリカ軍艦プレブルの艦長グリンは、

「地形から見て日本には良質な港湾が多く、良質な石炭を多量に産出するから、太平洋横断定期航路を開設するにあたって、日米通商条約の締結が必要である。このことは早晩必ず着手を要するものにして、もし平和的手段によって成功せざるときは、武力に訴えてでも成就すべきである」

と力説。こうした穏やかでない世論がアメリカ政界に沸き上がったのである。

アメリカは、ビッドルの失敗を繰り返さぬよう、一八四六年（弘化三年）に始まった米墨(べいぼく)戦争（対メキシコ戦争）に勝ってカリフォルニアを得ると、対日政策に本腰を入れる。

この弘化三年、徳川斉昭は時局を憂（うれ）い、いかに日本の独立を保つか悩み抜いていた。

そして斉昭が得た結論は、

「これまで幕政の枠外にあった外様大名をも政権運営に参加させて、外様大名を含む全国諸藩が一致団結して国難に立ち向かい、わが日本国の独立を守るべし」

ということだった。

徳川斉昭は弘化三年七月二十八日、阿部正弘に書簡を送り、

「東照宮（徳川家康）以来、徳川の天下にてはそうらえども、天下は天下の天下にそうらえば、日本の安危に関わりそうろうに……」（『弘化三年七月二十八日阿部正弘宛書簡』）

と述べて、現今の日本の安危に関わる窮状において、日本が独立を保つには、

「外様大名をも政権運営に参加させて、日本国の国家独立を守るべきである」

との意見を伝えた。

一方、阿部も、対外的困難が予想されるなか、斉昭の提案に賛同した。のみならず、幼少ながら慶喜の英邁さに注目し、慶喜を、「徳川斉昭が想定した水戸藩の後継藩主候補としてではなく、将軍宗家の後継候補」にしようとした。

阿部は早速、動いた。第十二代将軍徳川家慶（いえよし）の意向ということで弘化四年八月一日、水戸藩に、

「慶喜（当時は七郎麿）を御三卿一橋（ひとつばし）家の世嗣（せし）とする」

旨を伝えた。

御三卿とは一橋家・田安家・清水家の三家であって、将軍に後嗣がない際に将軍後継者を輩出する役割を担っていた。七郎麿が一橋家の世嗣となることは、すなわち将軍の後継候補になったことを意味するのである。

七郎麿十歳は水戸をたって、九月一日に一橋家を相続し、十二月一日に将軍家慶から慶の字を賜わり、慶喜と名乗った。一橋慶喜（のちに徳川慶喜）のスタートである。慶喜は、首席老中阿部正弘の意向により、将軍継嗣の有力候補として選ばれたのである。

阿部が、将軍家の後継候補とするべく慶喜を一橋家の世嗣とし、将軍家慶の慶の字を与えて慶喜と名乗らせたのは、迫り来る重大な時局に基づく判断だった。

父斉昭も、一橋家当主となった慶喜の成長に期待を寄せ、安政二年、慶喜十九歳に、

「世の武芸を学び候者、己れが流儀のみを尊びて他流の善を取ることを知らず。しかるに貴殿は、既に某流を学ばれ、また西洋の流をも学ばれんとのこと、感心の至りに候。西洋の術は、着実便利のこと多く候……彼が長ずるところを取りて、我が短きところを補い、我が長ずるところをますます奮う御志に候らわば、西洋流ご研究の儀は、至極、ごもっともに存じ候」（『一橋慶喜宛書簡』）

との書状を送り、息子慶喜が西洋武芸を習得しつつあることを評価していた。

第二章
日米和親条約を容認した徳川斉昭

海洋国家アメリカの誕生

「突然のプロポーズに戸惑う私……」

なんてことは現実社会ではあまりない。だいたいは、その前に予感というものがある。

第一、そんな幸せな話ばかりではない。

「どうやら粗暴な人物らしいので用心し、戸締りを厳重にしていた矢先……」

という困った事態も少なくない。プロポーズとストーカーは紙一重だ。

相手には必ず事情がある。

それなのに相手の事情に無頓着で、あとになって臍（ほぞ）を噛むのが日本人の悪い癖だ。

幕末維新史も例外ではない。どの歴史書も、

「一八五三年にペリーが軍艦四隻を率いて浦賀に来航し開国を要求。泰平の眠りを覚まされ軍事力に屈服した幕府は、翌年に日米和親条約を締結」

と書き始めている。この記述に何の問題もないが、すっきりしない感情が残る。

そこには「アメリカの事情」が書かれていないからだ。

当時、わが国では上は天皇・将軍・大名から下は下級武士・庶民に至る全国民が「開国などしなくてもよい」と思っていた。それなのにペリーは、

「開国しないなら黒船の大砲で江戸の町を砲撃する」

と脅し上げたのである。

幕閣も江戸の町民もペリーの強硬姿勢に驚愕した。まさに「黒船ショック」だ。だからペリー来航から始まる歴史書を読むと、「アメリカって何でも力ずくで無理押しするんだよね」といった反米気分が芽生え、日本人の心の奥底にドロッとした感情が棲みつくのだ。

本書では、こうした悪循環を超克したい。

そのため最初に、ペリー来航に至るアメリカ側の事情から見ていきたい。

一七八三年といえば安永十二年、日本では江戸中期、田沼意次の治世下である。この年、アメリカはイギリスから独立し、パリ条約によってミシシッピ川までの西方領土を獲得した。

しかしアメリカ大陸には、開拓者たちが来る前から、先住民のインディアンが平和な暮らしを営んでいた。だから開拓者たちの西部進出はインディアンとの深刻な紛争を生ずることとなった。だが結局、この問題は開拓者たちがインディアンを強力な軍事力で駆逐することで決着がついてしまう。

先住インディアンとの紛争に決着がつくと、膨張するアメリカは次に隣国メキシコと衝突した。

米墨戦争である。

この戦争ではペリー提督が登場する。

ペリーが指揮した一八四六年のベラクルス港への敵前上陸作戦は当時、史上最大の水陸両用作戦だった。米墨戦争におけるアメリカの勝利は海軍のペリー提督と陸軍のスコット将軍によるベラクルス港攻略作戦によってもたらされたのである。これによりアメリカはカリフォルニアを獲得して太平洋岸に達し、サンフランシスコとサンディエゴという二大良港を得ると、海洋国家としての相貌を顕(あら)わした。

この新しい海洋国家アメリカの眼前にいたのが、カメハメハ大王のハワイ王国と、鎖国に眠っていた日本だった。

アメリカはまだイギリスが手を出していない東アジアの小国「処女地日本」に着目した。アメリカと日本が連携すれば、太平洋航路を開設し、西部の次なるフロンティア「太平洋地域」に通商権を確立し、イギリスの介入を阻止しながらアメリカの生存権を確保することができる。

アメリカは米墨戦争に勝利しカリフォルニアを得た余波を駆って対日政策に本腰を入れた。日本に開国を迫るため大規模な軍事力を背景とした遣日使節を送ることを決定し、人選に入った。アメリカ政府がビッドル提督に続く遣日使節として米墨戦争のベラクルス港攻略作戦で勇名をはせた猛将ペリー提督を選んだのは、こうした背景のなかであった。グレイアム海軍長官は、一八五二年(嘉永五年)、ペリーを東インド艦隊司令長官に任命し、日本遠征を命じた。

ペリーは、アメリカ海軍の総力を投入し、蒸気推進フリゲート艦ミシシッピ、蒸気戦艦サスケハナとポーハタン、帆走戦艦のサラトガ、マセドニアン、プリマス、ヴァンダリアの七艦と輸送船サザンプトン、レキシントン、サプライの三隻を動員した。

ペリーの日本遠征

ペリー艦隊は、嘉永六年（一八五三年）四月、まず沖縄へ立ち寄り、二百人以上の海兵隊を率いて首里王宮を訪問し、琉球政府総理官摩文仁按司（まぶにあじ）に修好の希望を述べ、六日間にわたって島内を調査した。次にペリーは、旗艦サスケハナとサラトガの二艦を率いて小笠原へ上陸し、アメリカ海軍用の倉庫・貯炭所建設用地として百六十五エーカーの土地を欧米系島民のナサニエル・セーボレーから購入した。

ペリーは沖縄にとくに異常な関心を示し、本国政府に「沖縄に米軍基地を建設すべきである」と書き送り、国務長官から「貯炭所をいずれかに新設してもよい」との訓令を得た。実はこのさりげない「貯炭所」というのが曲者（くせもの）なのだ。艦隊がやってきて、貯炭所が建てられ、その周辺に修理工場ができ、病院ができ、一帯が立ち入り禁止となって柵が張りめぐらされ、歩哨が立てば、これは立派な軍事基地となる。こうなってから「アメリカは出て行け！」とか「基地を返せ！」とか叫んでも手遅れなのだ。

こうして沖縄と小笠原に足場を築いたペリーは、旗艦サスケハナ、戦艦サラトガ、戦艦ミシシッピ、戦艦プリマスの四隻で江戸湾へ向かった。これが「たった四杯で夜も眠れず」といわれたペリーの黒船である。嘉永六年六月三日午後五時頃、大砲に装弾して砲窓を開き、総員配置の戦闘態勢を取ったペリー艦隊は、浦賀沖に投錨した。

驚愕した浦賀奉行所から与力の中島三郎助が舟を漕ぎ寄せ、フランス語で、

「貴艦は退去すべし。外交問題は長崎で取り扱う」

と説明したが、ペリー艦隊の副官コンテー大尉は退去要求を拒否し、

「浦賀での、アメリカ大統領国書の受取日と受領者を決めるよう」

強く要求した。

翌六月四日朝、浦賀奉行を装った与力香山（かやま）栄左衛門が旗艦サスケハナを訪れ、艦長ブキャナン大佐と参謀長アダムス中佐との交渉が始まった。この交渉の席で、香山栄左衛門は、

「大統領からの国書を浦賀で受け取ることは不可である。艦隊を長崎に回航してもらいたい」

と要請した。しかしペリー艦隊側は、

「ペリー提督は長崎へ行くようなことはしない。国書は現在の場所で渡す覚悟である。もし日本側が国書を受け取る相当の委員を選定する様子がないなら、ペリー提督は充分な兵力を率いて上陸し、自ら江戸へ出向いて将軍に開国要求の国書を奉呈する」

と強硬に主張し、さらに香山に白旗二旒（りゅう）を渡し、

「先年以来、各国が通商を願い出ているにもかかわらず、日本は国法といって通商を許可しない。これは天の理（ことわり）に背く大罪である。日本が引き続き鎖国を墨守するなら、アメリカは武力を以て天理に背く大罪を糾（ただ）すから、日本は鎖国の国法により防戦すべし。日米開戦となればアメ

リカが勝つ。もしそうなってから和睦を乞いたければこの白旗を掲げよ」

といい放ったのである。

報告を受けた阿部正弘は苦悩した。

阿部は、「ペリーが五年前の米墨戦争でガルフ艦隊を率いてメキシコを焦土とした張本人」とは知らなかっただろう。当時のメキシコと日本の軍事力を比較した史料は無いが、当時の日本では飛び道具としてはせいぜい弓矢か火縄銃だ。一方、アラモ砦の戦いの絵画を見ると、当時のメキシコ軍兵士は皆小銃で武装し、多数の大砲を備えている。「当時の日本の軍事力はメキシコの軍事力よりはるかに劣っていた」といえそうだ。だから当時の日本の軍事力でアメリカの軍事力に対抗するなど無理な話であり、ペリー艦隊が日本に対し「開国しないなら攻撃する」といっている以上、日本が拒否して戦争を選ぶことは、所詮、不可能だった。

しかし、幕閣のほとんどは、「即時、打ち払い」を主張している。それが今までの、国是だったからである。そこに阿部の悩みがあった。

「攘夷！」を叫ぶ多くの幕閣を、どう説得すればよいのか？

阿部が取った行動は意表を突いたものだった。

阿部正弘は徳川斉昭を頼った

阿部正弘は、攘夷派最大の巨頭である前水戸藩主徳川斉昭の懐に飛び込んだのだ。阿部が最も頼りにしたのは、斉昭だったのである。

ただ徳川斉昭（諡号は烈公）という殿様は、現代人には人気がない。否、幕末期でも、人気があったとはいえない。従って、当時の評者からも今日の歴史家からも、正当な評価を得ているとはいえない。

斉昭は幕末期の名君であり天才肌の人物であったのだが、

・才気溢れるゆえに、鞘に納めない名刀のように周囲はおろか、自分の心までを傷つけた
・心のなかには怜悧と激情が共存し、狂気が棲んでいた
・女性に対しては荒淫というほどの肉食系で、極端に武威をたっとび華美を嫌った

斉昭を否定する人々はこういった彼の激情や狂気、荒淫に着目し、彼を嫌う。

たしかに斉昭は荒々しい気性で幕末を生き抜いた、烈公と呼ぶにふさわしい人物であった。また艶福家を越えて女色に淫すること甚だしく、生涯に三十七人の子供をもうけ、これらを養子に出して他藩の藩主にしたり、他藩の藩主に嫁がせたりした。ただし、七男七郎麿について

は英邁を見抜いて他家へ養子に出すことをせず、水戸藩主候補として手許に留め置いた。このことは非凡なる育児政策（？）といえるかもしれない。

とくに江戸城大奥の女性たちは、肉食系で華美を排する斉昭を嫌った。

大奥というのもなかなか難しいところで、かつて第二代将軍秀忠の二男家光と弟忠長が第三代将軍の座を争ったとき、家光の乳母(めのと)春日局の運動により、家光が将軍となった。このとき以来、大奥にも一定の将軍選定権があったようだ。

また大奥の老女（御年寄）ともなれば「老中並みの権力をもっている」といわれ、諸大名も随分気をつかったらしい。このように江戸時代の方が、男尊女卑の徹底した明治時代より、女性の政治的影響力は強かったようだ。

大奥は、将軍の寵愛を受けた正室・側室など数人の女性を頂点とし、多くの御女中が支えるピラミッド型の組織だった。御女中のなかで有能な者は、自分が仕える正室・側室に代わって手紙をしたためたり、大名家への使者に立ったりもした。

しかもこの御女中たちは、年季が来て大奥を去るときまでは、正室・側室への忠義のしるしとして、未通を守った。しかし斉昭は、使者として訪れた御女中に手を出したこともあったようで、こうしたことが大奥から忌み嫌われたのである。

そんな江戸城大奥の女性たちの最大の楽しみは寺院参詣だった。

息も詰まる江戸城を出て、江戸市中の自由な空気を満喫しながら街をゆき、寺院を参詣して願い事を念じ、美僧から接待を受ける。

僧侶の方でも、御女中方を心を込めて接待した。御女中方は、寺院にとって最大の寄進者であり、寺院財政の基幹であり、その寄進で梵鐘（ぼんしょう）の製作などが行われたからである。

斉昭は、これが不満だった。斉昭はもともと大奥の華美な浪費を嫌っていたが、とくに大奥が仏教寺院に多額の寄進をしていることに批判的だったのである。武断派の斉昭にいわせれば、

「国防の役に立たない寺院の梵鐘などは、鋳潰（いつぶ）して、大砲や鉄砲玉に変えるべきだ」

ということらしい。実際のところ、斉昭は藩内の多くの寺院を破却し、梵鐘を鋳潰して大砲に変え、

「今よりは、心のどかに、花を見ん、夕暮れ告げる、鐘のなければ」

という歌を詠んでいる。下手な歌だが、内容はわかりやすい。

徳川斉昭

このように斉昭は斉昭で大奥に大なる不満を抱いていたのだから、両者の対立関係は非常に厳しいものであったのである。

斉昭の女性観について、こんな逸話がある。

『続道聴塗説（しょくどうちょうとせつ）』という古書によれば、あるとき斉昭が寵愛していた側室の身分を引き上げると、側室は、

「地位が上がりましたら、相応の衣装が必要となりますので」

と金の無心をした。斉昭は渋い顔で、

「これまでの衣装でよい」

とさとすと、側室は、

「それでは体面が保てず、ご奉公が勤まりません」

と答えた。すると斉昭は激怒し、

「この時局に心得違いも甚だしい。奉公が勤まらないなら出仕は無用だ」

と述べ、その後、その側室を遠ざけ目通りを許さなかったという。

斉昭は、質素な衣装で子供をたくさん産む女性を好んだらしい。

三男の斉昭は三十歳まで長らく部屋住みだったが、兄である先代藩主斉脩（なりのぶ）の病死により第九代藩主になった。家臣らは斉昭に先代藩主と同じ食事を用意したが、

「兄の死去により、はからずも水戸家を継いだ。表向きのことは変更できないだろうが、内向きの食事などに金をかけるべきでない」

と述べ、従来からの質素な食事に変えさせた、という。

水戸藩は貧乏藩だったので、斉昭は、

「祖公以来、三十五万石で暮らすことが本意である。この石高で暮らすには倹約し、奢侈（しゃし）を禁じ、節約を心がけて暮らすよう。諸役人はこの趣旨に沿って生計をたてよ」

とも述べたという。

たしかに名君である。しかしこれでは、人気が出る殿様とはいえない。

斉昭は少年期に会沢正志斎のもとで水戸学を学んで聡明さを示し、第九代水戸藩主に就任すると「愛民専一」を唱えて仁政を目指し、藩士各層から広く人材を登用して会沢正志斎、藤田東湖、安島帯刀(あじまたてわき)、武田耕雲斎ら軽輩の藩士を重用して藩政改革に取り組んだ。農民への重税緩和を試み、手元金と郡庁の資金を投入して六万余俵の穀物備蓄を計画し、豊作で米価の安いときに米を買い入れ、凶作のときに売り出して米価の安定を図るとともに、貧民救済のための穀物備蓄倉庫の建設を進めた。また戸数増加を図るため、領内に「育子金」の制度を敷いた。さらに藩士たちに武芸を奨励するとともに、藩校弘道館を設立して人材育成にも取り組み、「追鳥狩(おいとりがり)」と称する軍事訓練を行い、大砲の国産化を推進した。

斉昭は弘化元年(一八四四年)に家督を嫡男の慶篤に譲ったが、その後も、水戸藩内に隠然たる勢威を保っていたのである。

当時、三百諸藩といって、わが国には三百余人の大名がいた。

しかしほとんどの大名は、安穏(あんのん)たる日々を送るだけだった。

このなかで国防問題に関心を寄せ、国防について一家言をもっていたのは水戸藩の徳川斉昭、薩摩藩の島津斉彬(なりあきら)、佐賀藩の鍋島直正、宇和島藩の伊達宗城(むねなり)らだったが、なかでも群を抜いた国防の見識を誇り、尊皇攘夷を唱えたのが徳川斉昭だった。首席老中阿部正弘は、この前水戸藩主徳川斉昭を最も頼りにした。

阿部正弘がペリー艦隊への対応策について徳川斉昭に意見を徴すると、斉昭は、

「撃攘必ずしも可なりと謂うべからず。幸いに我勝ちて彼退くも、日本の近島を奪うや必せり。しかれども彼の書（国書）を受くれば、禍患これより生ぜん。衆議の後、之を決するの外なし」

と述べた。要するに、

「皆が了解するなら、幕府がアメリカの国書を受け取っても、自分は反対しない」

といったのである。


徳川斉昭が理解を示したとなれば、阿部正弘に反対する者はいない。国防上の見識において、斉昭の右に出る大名はいなかったからである。

阿部は幕閣を説得し、

「国禁（鎖国）を取捨するは遺憾なりと雖も、軽率にこれを拒絶し兵端を開き、国家を危難に陥るるは我国の長計にあらず。しばらく忍び、まげてその請を許し、早く退去せしめ、しかる後に広く言路を開き、衆議を採りて国是を決し、彼の再来に及びて之に答辞を与うるに如かず」

との閣議決定に漕ぎ着け、浦賀奉行所に対し、

「このうえ御拒絶に相成り候わば、如何ようの不法に及び候やも計り難し。阿片騒乱（アヘン戦争）の先蹤もこれあり。大国の支那にてもついに国を狭められし程の国害に立ち至り候。容易ならざる御国難につき、書翰は浦賀表において受け取るよう」


通達を出した。

こうして浦賀奉行井戸石見守弘道、戸田伊豆守氏栄が、六月九日、久里浜陣屋でアメリカ大統領国書を受け取った。そこで一応の目的を果たしたペリー艦隊は、

「（条約締結のため）来年四月か五月に日本を再訪問する」

と告げて、その三日後、江戸湾から去ったのである。

阿部正弘の情報公開

アメリカ大統領国書は、昌平黌の林大学頭復斎に渡されて和訳された。その内容は、

「今次ペルリを日本に遣わすは、我が合衆国と日本とは宜しく互いに親睦し且つ交易すべき所なるを告げ知らしめん、と欲するにあり。貴国従来の制度は、支那人及びオランダ人を除くの外は外邦と交易するを禁ずるは、もとより予が知る所なり。しかれども世界中、時勢の変換に随い改革の新政行わるるの時にあたりては、その時に随いて新律を定むるを智とすべし」

と、開国と通商を求める要求だった。

阿部正弘は、七月一日、国書の和訳文を諸大名に回覧し、

「アメリカの開国・通商要求を受け入れるかどうか？　たとえ幕府が忌み嫌うような意見でも良いから、思う存分のことを述べるよう」

と意見を求め、朝廷に対してもこの事態を報告した。さらに、

「幕臣や諸藩士のみならず一般庶民の者でも良い意見があれば申し出るよう」告げた。

阿部正弘は、旧来からの幕府独裁制による朝廷や諸大名への強権・統制を改め、言路洞開に踏み切ったのである。

これまでの幕府の為政方針は、

「知らしむべからず、依らしむべし」

というもので、幕閣以外の者、例えば外様大名やそれ以下の庶民が幕府の政策に政治的発言をすることを許さなかった。だからこのとき阿部が各層から広く意見を徴したのは画期的なことだったのだ。

阿部の対応は「国民的議会主義への胎動」ともいえるし、「情報公開による民主的手続き」といえなくもない。

しかし実際は、徳川家伝統の「軍議」だったようである。

戦国の世を勝ち抜いた徳川家の軍議では、敵兵力の分析などのあと、部将たちが各々意見を述べ合ったという。しかし御大将の前で「敵は強そうだから降伏しましょう」という弱虫はいないから、敵が強そうだと思えば「まずは籠城を」というのが関の山だった。ところが時には元気の良い若武者がいて、

「堂々の合戦あってしかるべし」

などと積極論を主張し、皆が同調すれば、話を聞いていた家康が、
「されば野戦に決する。先鋒はそちに命じる」
と先ほどの若武者を指名する。名誉の先鋒となった彼は「有り難き仕合わせ」と徳川の名を汚さぬように文字通り先陣切って粉骨砕身働く。こうして徳川は何百とあった豪族のなかから戦国の世を勝ち上がり、ついに天下を獲ったのだ。

これが織田信長だとまったく違う。東から今川義元の大軍が押し寄せてくる。宿老や部将たちは「敵は大軍なればご籠城を」といっているのに、信長は彼らの意見などまったく無視する。そして突然、能の「敦盛(あつもり)」を舞ったかと思うと、「湯漬けをもて！」「馬引け！」と叫んで一騎駆けだ。あわてた近習が「殿ご出馬！」と触れ回って追いかける。旗本もあとを追う。部将たちもバラバラのまま馬で追いかける。全軍が揃ったのは、信長が熱田神宮で一休みしているときだった。軍議どころではない。完全独裁主義なのだ。歴代の家老でもボヤボヤしていると「お前はクビだ！」と追放になる。家臣たちもだんだん疑心暗鬼になり、とうとう信長は部将の明智光秀に暗殺されてしまう。

こうして見ると徳川の軍議は良くできていた、と思う。

「幕府はあくまで鎖国を墨守してペリー艦隊と大攘夷戦争を戦う」となれば総力戦となり、武士のみならず全国民に広汎な犠牲が及ぶ訳だから、各層の意見を徴するのは至極当然である。

国民的合意もないまま戦争に突入し、いきなりラジオから、

「帝国陸海軍は、本八日未明、西太平洋上において米英軍と戦闘状態に入れり」

と臨時ニュースを流すような政権では困ってしまうのだ。昭和十六年(一九四一年)のあの頃、阿部正弘のような人物が日本の政界にいたら、わが国が道を間違えることはなかっただろう。

阿部の諮問に対し、諸大名から約二百五十通、幕臣から約四百五十通、さらに江戸庶民からもいくらかの意見書が出された。意見書の内容の多くは、

「アメリカの要求は断然拒絶すべきであるが、戦争になればアメリカに対抗するだけの軍備は整っていないので、なるべく確答しないで時間を引き延ばすが良い」

とか、

「条件付きでひとまずアメリカの要求を受け入れるのも仕方がない」

とか、

「戦争になれば勝利は覚束ないから、年限を切って交易を許すのもやむを得ない」

というようなものだった。

ただ答申書のなかの少数意見として、長州藩主の毛利敬親(たかちか)(当時は慶親(よしちか))は「アメリカの要求は断固拒否すべし」と果断な主戦論を述べている。逆に、佐倉藩主堀田正睦(まさよし)は、

「彼(アメリカ)に堅牢の軍艦あり。我が用船は短小軟弱。彼は大砲に精しく(くわ)、我は器械整わず。彼が兵士は強壮にして戦場を歴(へ)たり、我は治平に習い武備薄し。右にては勝算これなくあいだ、まず交易御聞届け、御武備厳重致したく候」

と積極的開国論を唱えた。また幕府小普請組四十俵という微禄の幕臣勝海舟は、

「人材を登用し、交易の利益で武備を整え、大船を作って海外に出貿易（でぼうえき）すべし」

と卓抜した意見を述べている。また江戸新吉原の遊女屋主人藤吉は、

「漆器等を贈って異国船に入り込み、酒盛りをして油断させ、鮪（まぐろ）包丁で異人を斬り捨てる」

との珍説を述べ、意見採用の節の営業許可拡大を願い出た。江戸の遊女屋もなかなか商売熱心だ。

阿部正弘は、このように各層から意見を徴して、従来からの譜代大名による幕府独裁制を改め、御三家代表の前水戸藩主徳川斉昭を幕政参与に任じ、親藩代表の越前藩主松平春嶽（しゅんがく）（慶永）と外様代表の薩摩藩主島津斉彬を自身の相談相手とした。

かくて阿部は全員参加型の民主的挙国一致体制を確立し、「開国やむなし」の合意を積み上げたのだ。しかし当然のことながら、日本人のすべてが開国を容認した訳ではない。

六月九日の久里浜におけるアメリカ国書受け取り式を見た吉田松陰は、浦賀で佐久間象山に会ったとき、

「勝敗を度外視しても、ペリー艦隊に乗り込んで日本刀の切れ味を見せてやりたい」

と素朴な感情を吐露し、佐久間象山から諌（いさ）められている。

またこの頃、江戸に出て神田お玉ヶ池の千葉道場玄武館で剣術修行中だった土佐藩郷士坂本龍馬十九歳は、国元の父に対する手紙のなかで、

「異国船処々に来たり候う由に候えば、軍も近きうちと存じ奉り候。その節は異国の首を討ち取り、帰国仕るべく候」

と激しい敵愾心を伝えている。こうした吉田松陰や坂本龍馬らの素朴で強烈な攘夷の感情を力では抑え切れないことは、やがて歴史が証明するところとなる。

ペリーの覚悟

幕府に大統領国書を手渡し当初の目的を果たしたペリー艦隊は、江戸湾を退去すると、また沖縄へ向かった。ペリーには沖縄でもう一つ仕事があったからである。来日前にペリーは、「もし幕府がアメリカの要求を拒否した場合は報復手段として日本の属国たる大琉球島をアメリカ国旗の監理下におく」（『日本遠征記』）

との沖縄占領を計画し、既に本国政府から承認を得ていた。幕府は大統領国書を受け取っただけで、アメリカの開国要求を受け入れた訳ではない。この時点では、幕府がアメリカの開国要求を拒否してくる可能性も無い訳ではなかった。もし、そうなった場合には……。

ペリーは那覇に着くと琉球政府総理官に対し、

「六百トンの石炭を貯蔵できる建物を提供するか建築すること。琉球における交易の自由を認めること。琉球政府の法律を外国人に適用しないこと」

を要求した。琉球政府が、この高圧的な要求を丁重に断ると、ペリーは、「もし明日正午までに要求全部に満足な回答がなければ、二百人以上の兵士を上陸させ、首里城に進軍して王宮を占領する」と最後通牒を突きつけた。こうしてペリーは貯炭所建築を認めさせ「沖縄の拠点化」に道を開いたのである。

その後、ペリー艦隊は南シナ海方面に遊弋し、香港に戻って碇泊した。ペリー艦隊が香港に戻ったとき、既にアメリカ本国では政権が共和党政府から民主党政府に代わり、新大統領はピアス、新海軍長官はドッビンに代わっていた。民主党の新しい大統領ピアスは、共和党の積極的対外政策を踏襲しなかった。ドッビン新海軍長官は「ペリーが琉球にアメリカの保護権を確立したことを知ると大いに驚き、ペリーの沖縄占領政策の中止と、琉球・小笠原領有計画に不同意」を表明する急書を一八五三年（嘉永六年）十一月十四日付けにて発した。

民主党政府はペリー艦隊の行動のやり過ぎを警戒し、その行動を抑えようとしたのである。当時、イギリス、フランス、ロシア等ヨーロッパ諸国の外交官も、同様に日本に開国を求めていたが、いずれも幕府の意向を尊重し、外交交渉の場所として指定された長崎を舞台に平和的な交渉を行っていた。

ペリーの、

「開国要求を受け入れなければ対日戦争も辞さず。対日戦争では琉球島を占領し、アメリカ海軍基地を建設し、アメリカの南シナ海制覇の根拠地にする」

との構想は、イギリス、フランス、ロシア等ヨーロッパ諸国の外交官から、強い警戒と反発を招いていた。とくにイギリスの香港駐在首席貿易監督官ボンハム卿は、一八五三年（嘉永六年）十二月二十二日付けでペリーに厳しい抗議文を送り、そのなかで、

「貴下は小笠原諸島の一住民より貯炭所設立のため土地を購入してアメリカ合衆国の使用にあてたが、小笠原諸島はイギリス政府が領有しているものである」

とした。ボンハム卿は、イギリスが領有している小笠原の土地をアメリカが購入するのは不当だ、とペリー艦隊に強硬な抗議を行った。要するに小笠原領有問題を巡って、

「イギリスとアメリカの鞘当て」

が始まったのだ。

このようにイギリス等ヨーロッパ諸国の外交官の間でペリーへの風当たりは、相当、強かった。こうした事情をペリーは、一八五三年のクリスマス・イブの妻への手紙で、

「今度の航海はさすがに相当こたえた。なにしろ神経を使うことが多過ぎる。わが艦隊の動きは、今や英、仏、露の各国政府の監視の的になっている始末だ」

とこぼしている。だがペリーは、周囲との摩擦を恐れるような男ではなかった。

追い詰められたペリーは、俄然、強気に出て事態を打開しようとした。ペリー艦隊の突出し

た行動がイギリス、フランス、ロシア等ヨーロッパ列強から強い警戒と反発を招き、国際摩擦を懸念する民主党政府がペリー艦隊の行動を制約する事態になれば、アメリカ海軍の太平洋進出の企図は失敗に終わるからである。

ペリーは内外の警戒の眼がペリー艦隊の行動を阻害する前に、断固、行動を起こすこととした。幸いなことに、ペリー艦隊の行動を制約するドッビン新海軍長官からの一八五三年十一月十四日付けペリー宛急書は、まだ届いていない。今、行動を起こすなら訓令違反にはならない。

しかし、季節は「冬」だった。

当時の各国海軍の常識では、季節風で荒れる冬の海を避け、季節風がおさまった春頃から出航するのが通例だった。だからペリー艦隊は第一回目の訪日の際、「来年の四月か五月に再来する」と幕府に声明した。要するに次回は、気候が良くなってから、と言明したのである。春の海なら絶好の航海日和だ。アメリカ海軍屈指の猛将ペリーといえども、勝手知らない東アジアの海での冬の航海は避けたかったのである。

しかし、ペリーは決断した。ペリー艦隊は、冬の季節風を理由に港内に退避している列強の艦隊を尻目に、世界の海軍常識を超越し、

「冬の荒波を乗り切って……」

新興アメリカ海軍のヤンキー魂を世界に示すこととした。ペリーは隷下の各艦長に「荒天帆走」を下令し、一八五四年一月十四日、ペリー艦隊は錨をあげて香港を出帆し、拠点とした沖

縄に寄港して態勢を整え、日本に向かった。そして嘉永七年一月十六日（一八五四年二月十三日）朝、江戸湾に入り、今度は浦賀沖を通過してさらに湾奥（わんおう）へ進み、午後三時頃、金沢沖錨地（びょうち）に集結した。

驚いたのは浦賀奉行所である。その理由は、

一、一月十六日といえば正月気分である。ペリー艦隊は前回、「翌一八五四年（嘉永七年）の四月か五月に再来する」と声明したのに、来訪が数カ月早まっている

二、前回は四隻だった軍艦の数が、今回は七隻に増強されている

三、艦隊が、前回の碇泊地だった浦賀沖からさらに湾奥へ進んで碇泊した

からである。

翌十七日、浦賀奉行所支配組頭の黒川嘉兵衛（かへえ）が艦隊へ出向き、参謀長アダムス中佐に、

「前回同様、浦賀沖に碇泊するよう」

申し入れたが、ペリーは、

「もしアメリカの要求が通らなければ、いつでも戦闘を始める用意がある。いざ戦争になれば二十日以内に本国から百隻の艦隊を集めてみせる」

とけんもほろろに、浦賀奉行所の抗議を拒否した。

それからペリー艦隊は、さらに湾奥へ進んで一時は江戸市街の眼前の羽田沖まで進出し、幕府を挑発した。そして一月二十五日（西暦では二月二十二日）にはワシントン誕生祭と称して約百発の祝砲を撃ち、殷々たる砲声を江戸湾岸にとどろかせた。

幕府は強い衝撃を受け、

「日本国内は将軍代替り（家慶が死去し家定が就任）で政局が混乱している」

ことを理由に返答を留保した。

日露交渉

高圧的な態度で日本に開国を迫るペリー艦隊の行動に対し、長崎を舞台に平和的な交渉を行っていたイギリス、フランス、ロシアの間から、強い批判の動きが起きたことは前に述べたが、そのなかでもとくにペリー艦隊に反発したのが、ロシアである。

ロシアはかなり以前から日本との和親通商を希望していた。

宝永二年（一七〇五年）といえば第五代将軍綱吉の時代だが、その頃既にロシアは「日本との和親通商を図るため、ペテルブルクに日本語学校を設け、通訳の養成を始めた」というから、ロシアも随分気の長い国だ。

その後、一七三〇年（享保十五年）頃、ロシア人はカムチャッカからアラスカに達し、北太平洋で毛皮獣の捕獲に従事するようになった。「森林の宝石」と呼ばれた黒貂やラッコなどの高級毛皮は、寒さの厳しいヨーロッパの貴婦人たちに高値で販売されたから、毛皮はロシアの主要輸出品だった。この頃まだ、アメリカという国は無かった。

一七九二年（寛政四年）、ロシア皇帝エカテリーナ二世は使節ラックスマンを日本へ派遣した。ラックスマンは日本人漂流民を伴い国書をもって根室に来航し通商を求めたが、幕府は「鎖国は祖法である。対外交渉は長崎で行う」と告げて、ロシアの申し出を拒否した。

ロシアが通商を求め、幕府が拒否すると、次第に日露関係はギクシャクしたものとなる。文化元年（一八〇四年）にロシアのレザノフが軍艦に乗って長崎へ来航し日本に通商を要求して幕府が再び拒絶すると、ロシアは樺太（サハリン）、千島でしきりに暴行を働いた。次に文化八年（一八一一年）にロシア軍艦が薪水・食料を求めて国後島に寄港すると、同地にいた幕吏はロシア軍艦艦長ゴローニンらを捕らえてしまった。このように通商を求めるロシアと鎖国を堅持する幕府の間で何度も行き違いがあったから、その後、ロシアは日本との和親通商を諦め、一八三〇年代以降、ヨーロッパに目を転じ地中海進出を目論むようになる。

しかしロシアの「南下政策」はイギリスの「東進政策」と衝突し、事あるごとに阻止される。

天保四年（一八三三年）といえば、アメリカではアラモ砦の戦いの三年前だが、ロシア皇帝ニコライ一世はバルカン半島及び地中海への南下を企図してトルコとウンキャル・スケレッシ条約を締結して軍事同盟を結び、ロシア艦隊のダーダネルス海峡自由通航権を得て地中海進出の足掛かりをつかんだ。ロシアの支援を得たトルコが勇躍エジプトを攻撃すると、ロシアの地中海進出を嫌ったイギリスはトルコと同盟してエジプトを攻めてエジプトを降伏させ、講和会議でウンキャル・スケレッシ条約を破棄させた。こうしてイギリスはロシア艦隊の地中海進出を阻止したのだ。

その後、再び南下政策を企図したロシア皇帝ニコライ一世が、再度、トルコに軍事同盟を提案すると、そのとき既にイギリス・フランスと誼（よしみ）を通じていたトルコはニコライ一世の同盟申し入れを拒否した。同盟を拒否されたロシアが一八五三年（嘉永六年）にトルコに開戦すると、イギリス・フランスはトルコと同盟してロシアに宣戦布告した。クリミア戦争の勃発である。

イギリスは、何としてもロシアの地中海進出は許さない、といった感じである。

実は、この激動の嘉永六年（一八五三年）こそ、アメリカのペリー提督が黒船四隻で初めて江戸湾に現われた年だった。一時は日本との和親通商を諦め、その後、ヨーロッパに目を転じて地中海進出に全力を挙げていたロシアは、アメリカのペリー艦隊訪日計画の情報を入手すると「遅れてはならじ」とばかりに、急遽、対日交渉を再開することとした。

アメリカ建国以前から日本と和親通商を希望してきたロシアにとって、あとから登場したペリー艦隊に日本との和親通商を先取りされては、立つ瀬がない。ロシアは、極東艦隊司令長官プチャーチン海軍中将を対日使節として日本へ送ることとした。

プチャーチンはクリミア戦争の戦雲たなびくなか、ペリー艦隊の第一次訪日に一カ月遅れて長崎に来航し、応接にあたった幕府勘定奉行兼海防掛川路聖謨（かわじとしあきら）に、エトロフ島の帰属確定と北海道と江戸方面における二港の開港を要望した。プチャーチンが届けたロシア国書の特徴は、

「クリル諸島（千島列島）はロシアに属しエトロフ島もクリル諸島の一つなるが、エトロフ島にはクリル人（アイヌ人）、日本人、ロシア人が混住せり。これによりエトロフ島がロシアに属するか、日本に属するかの疑問を生ず。故にこの疑問を決せば、両国の境界もまた定まるべし」

として、まずエトロフ島領有権問題の解決による国境確定が提起されたことである。

ロシア国書は「エトロフ島領有問題を話し合いで解決したあと、二港を開港してほしい」と内容が具体的かつ実務的で筋が通っている。ペリー艦隊が持参したアメリカ国書やペリー書簡が「通商は天の理である」などと大仰（おおぎょう）で押し付けがましいのとは、大違いである。またペリー艦隊が幕府の意向に反して江戸湾に乗り込んだのに対し、プチャーチン中将は幕府の意向を尊重して長崎に来航した。こう見ると、

「ロシアの方がアメリカより紳士的」

に見える。しかし応接役の川路聖謨は、そう簡単には気を許さなかった。

川路聖謨は、海外でのロシアの風評や、千島・樺太でのロシアの狼藉を指摘し、

「ロシアは虎狼（ころう）の国と世に申し候、然るや。または信義の国なりや、いかに。道理を守らば、我が事に随い候え」

とプチャーチンを問い詰めた。するとプチャーチンは大いに承服して、

「エトロフへ立ち入るまじく。カラフトに手出し申さず。軍兵は引き払い申す」

と約束したのだ。さらにロシア側は、

「日本は世界から孤立しているゆえ軍事は殊に極めて劣悪で砲術・築城術に至っては見るも無残である。日本の砲台を破砕するには外国のわずかな軍船で用が足りる。日本はとうてい抗敵できない」

との意見書を幕府に提出し、軍事指導の可能性までほのめかした。親切、という感じがする。

だがロシア側は、肝心のことになると言質を与えず、上手にはぐらかした。川路がロシア側発言を書面にするよう要求すると、

「今一度、招き申したく。（貴殿との）別れを思えばかなし」

などと情に訴えるようなことをいって論点をはぐらかし、要領を得なかった。憮然とした川路は、

「露人の愛想つねにかくの如くにて、いつもいつもかかることとなり。露人の機を見ることとくに早く、実は人を馬鹿にするが如きあり。正理を以て押し迫れば、必ず無言になり、別事をいうか、日延べ申し出ずるかの二つなり」

と日記に記している。現代に通じるロシア外交の、奥深さと巧みさがうかがわれる。

さしずめプチャーチンと対峙した川路の姿は、名うてのプレーボーイにいい寄られたうぶな生娘（きむすめ）が、

「あなた本当に私を幸せにしてくださるの？　あなたの評判は決して良くないのよ」

と必死に抗（あらが）っている、といった風情なのだ。だがこうした川路の必死な姿はロシア側に好印象を与えたようだ。

プチャーチンの秘書官ゴンチャロフは、川路を評して、

「川路はその鋭敏な良識と巧妙な弁舌において、ヨーロッパ中のいかなる社交界に出しても一流の人物たりうるであろう」

と最大級の賛辞を贈っている。

日露交渉は十二月まで続き、国境確定、開港、貿易開始、犯罪人処分等について「日露和親条約草案」を作り、ロシア側の要望を川路が聞き置く、という形で交渉を終えた。なお同草案第五条は、

「阿片の如き有害の交易をなすことを禁ず」

とアヘン貿易を禁止した。川路聖謨とプチャーチンは、協同して、清国でアヘン戦争を引き起こしたイギリスを暗に批判した。

イギリスと宿命の対決を繰り返してきたロシア軍の一角を占めるプチャーチン中将は、

「宿敵イギリスの顔に泥を塗って……」

確かな手ごたえを感じたに違いない。こうして外交的成果を挙げたプチャーチンは、嘉永七年（一八五四年）一月八日、満足げに長崎を去った。ペリー艦隊再来日の八日前のことである。

日米のチキン・ゲーム

ロシアからは、礼儀正しく親切な交際申入れがある。

一方、アメリカは、わが国の意向を無視した乱暴で威圧的な態度である。

こうなれば幕府としても、ロシアとアメリカを両天秤に掛け、ロシアとの交際にウエートを置きながらアメリカを牽制することも可能だった（実際、米ソ冷戦時代には、両国とバランスを取りながら凌いだ小国もある）。幕府内には、さらに踏み込んで、

「日本はロシアと軍事同盟を締結し、無礼なアメリカと対決しよう」

と主張する向きもあった。

こうした動きを背景として川路聖謨が、アメリカに対する「ぶらかし策」を唱えた。

川路聖謨のぶらかし策は、親露反米論と表裏一体であり、

「ロシアと同盟できれば、アメリカと戦争になっても構わない」

との腹もあったようだ。

しかし、「川路のぶらかし策」には弱点があった。

もしペリー艦隊が日本を攻撃し、日米戦争となった場合、

「本当にロシアは、日本を守ってアメリカと戦ってくれるのか？」

という点である。その保証が無い、そこが川路の悩みだった。

「そう考えると、やはりペリー艦隊の機嫌を損ねるのはまずい。しかし、わが国に対するロシアの親切は交渉材料に使える。それにはやはり時間が欲しい」

これが幕府の本音であった。

ペリーは、米墨戦争での自分の戦歴をチラ付かせながら強硬姿勢を崩さない。一方、幕府側は、紳士的な交渉態度のロシアの姿勢を評価しつつ、ペリーの要求をかわそうとする。

両者はギリギリの神経戦を展開した。まるで精一杯ハッタリを掛け合うポーカーのようだ。チキン・ゲームといってもいい。最初の出会いがチキン・ゲームというのも穏やかでない。

そのさなか、尊皇攘夷論の巨頭ともいうべき幕政参与徳川斉昭が、揺れ動く首席老中阿部正弘の迷いを、一言のもとに、醒まさせた。

徳川斉昭は、

「アメ（アメリカ）六月十二日退帆、おろ（ロシア）七月十八日渡来はいかにも早く候へば、かねて約束事と見え申し候。そのところへ、おろへ御頼み相成候儀、よろしくとは申しまじく候」

すなわち、

「アメリカとロシアは既に談合が成立していると想定されるから、アメリカに対抗するためロシアと組もう、という観念論は危険である。どんなに辛く厳しい交渉であっても、アメリカと真正面から向き合って交渉をしなければならない」

といったのである。

まさに慧眼（けいがん）、といわねばならない。

尊皇攘夷論の元祖であり、水戸藩で鋳造した七十五門の大砲のうち七十四門を幕府に献納した武断派でもある徳川斉昭は、超現実主義者でもあったのだ。

ずっとのちの話だが、太平洋戦争で戦況が悪化し、昭和二十年（一九四五年）三月二十七日硫黄島陥落、四月一日アメリカ軍沖縄上陸、四月五日ソ連モロトフ外相が日ソ中立条約破棄を予告、五月七日ドイツ無条件降伏というなか、わが国の指導者は六月十八日、「ソ連を通じて和平を提議」することとしソ連を仲介とする和平交渉を開始した。それが「無残な結果」となったことはいうまでもない。

もし昭和二十年六月頃のわが国に、徳川斉昭のような慧眼の人物がいて、

「アメリカとソ連とは既に談合成立していると想定されるから、ソ連にアメリカとの仲介を頼むのは無益だ。辛く厳しい交渉となってもアメリカに、直接、降伏を申し入れるほかない」

と一喝すれば、わが国の終戦末期の犠牲はもっと少なくて済んだだろう。

会沢正志斎と藤田東湖

徳川斉昭の師匠は、会沢正志斎である。

会沢正志斎は、水戸学の権威であり、初めて尊皇攘夷論を唱えた先覚者である。会沢の水戸学は実践学・実行学・実戦学という実学の系統であって観念論ではない。しかし、このことは幕末の当時の人々から正しく理解されなかった。

また現代の歴史家でも、正しく理解している人は少数である。

会沢正志斎は、享和三年（一八〇三年）に江戸彰考館に入門し、文政四年（一八二一年）には藩主徳川治紀（はるとし）の子供たちに対する侍読（じどく）（教育係）となった。会沢が教えた子供たちのなかには、のちの九代藩主斉昭もいた。

会沢正志斎が真骨頂を発揮したのは、文政七年（一八二四年）にイギリス捕鯨船員十二名が水戸藩領内の大津浜に薪水・食料を求めて大挙上陸して大騒動となったときで、幕府が「異国船無二念打払令」を出す一年前のことである。このとき会沢正志斎は、イギリス捕鯨船員に会って事情を聴取し、思索を重ね、対策を考え、海防の必要性を痛感して尊皇攘夷論を確立し、翌年、著書『新論』を著した。その要旨は、

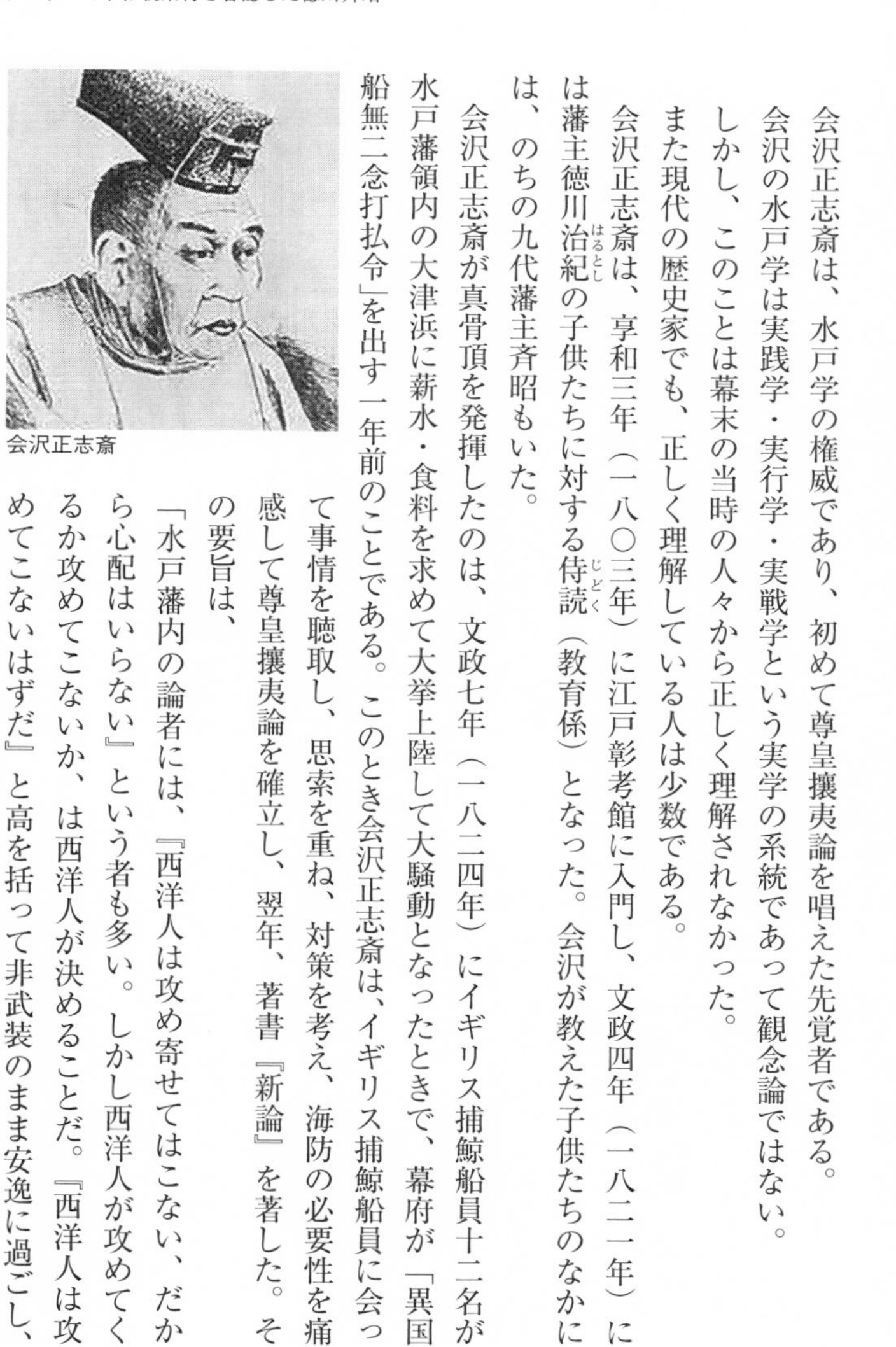
会沢正志斎

「水戸藩内の論者には、『西洋人は攻め寄せてはこない、だから心配はいらない』という者も多い。しかし西洋人が攻めてくるか攻めてこないか、は西洋人が決めることだ。『西洋人は攻めてこないはずだ』と高を括って非武装のまま安逸に過ごし、

もし西洋人が攻め寄せてきたらどうするのか……これからは日本人の民心に中心を置いて一致団結しなければならない。さもなければ、ある者は西洋人の仲間となり、ある者は私欲のため西洋人と結託して、わが国は混乱するだろう」

というものである。

徳川幕藩体制では、一国一城の主である三百余人の大名が半独立国である領国を支配し、徳川家の武力にひれ伏している。これでは日本は統一国家とはいえない。そこで会沢は、

「この上に皇室を戴いて国家統合の象徴とし、三百諸藩が団結して外夷(がいい)と対峙しよう」

と唱えたのである。会沢は、幕末のベストセラーとなったこの『新論』において、

「国内が一枚岩でなければ、外交にせよ軍事にせよ、対外交渉はできない」

と述べている。現代に通じる至言といえるだろう。

会沢正志斎はこうした持論を、尊皇攘夷であるとした。すなわち、会沢にとっての尊皇攘夷とは、

「日本国が、源平とか朝幕とか東西とかで争うことを止めて、一つの家となり、皇室を戴いて一致団結し、武威を備えて、西洋・外夷から侮りを受けぬようにしようではないか」

ということである。

「関ヶ原合戦で敗れた薩摩・長州が復讐のため、日本国の国難を奇貨として、イギリスの軍事支援を受けて政権奪還を狙うことなど、あってはならない。一方、幕府が幕権を維持するため

フランスの軍事支援を受けることなど許されない」

今から考えれば、ごく普通の常識のように見受けられる。

しかし当時は、源平合戦に敗れた平家の残党が山深い落人村に平家の赤旗や古い甲冑などとともに隠れ住んでいるといわれたり、保元の乱に敗れて讃岐へ配流され赦(ゆる)されなかった崇徳(すとく)上皇が舌を噛み切った血で「日本国の大魔縁となり、魔道に回向(えこう)す」と書き、爪や髪を伸ばして生きながら怨霊になった、といった話がまことしやかに語られた時代である。

だから関ヶ原合戦で敗れた長州藩毛利家では、新年に、家老が藩主に、

「関ヶ原の儀、いかがなされますか?」

と問うて、今年中に討幕軍を起こすか否かを尋ね、長州藩主は、

「時期が悪いゆえ、しばらく待つがよかろう」

と答える秘儀が恒例として行われていたのだ。

会沢正志斎は、

「こういうことは止めて、全国一丸となって西洋・外夷と対峙しようではないか」

という趣旨を述べたのだ。

しかしながら、会沢正志斎の尊皇攘夷の真意は充分に伝わらず、中途半端な理解に基づいた長州藩が幕府に対して軽挙妄動してしまうのである。

一方、水戸藩主徳川斉昭に抜擢された藤田東湖は、徳川斉昭の下で会沢正志斎や田丸稲之衛門らとともに郡奉行となって農政改革に努め、斉昭の側用人として検地・財政整理・追鳥狩と称した軍事演習や海防策に尽力した実践家であり、斉昭の命令で『弘道館記』『弘道館記述義』などを著した思想家でもあった。

藤田東湖の、

「天地正大の気、粋然として神州に鐘まる……盡臣は皆熊羆にして、武夫盡く好仇なり……生きては当に君冤を雪ぎ、復た四維を張るを見るべし。死しては忠義の鬼となり、極天、皇基を護らん」

との『正気の歌』は、当時、全国に広まり幕末志士が好んで高吟した、と伝えられる。

安政元年（一八五四年）に、薩摩藩で藩主島津斉彬から庭方役に抜擢された西郷隆盛は、島津斉彬から徳川斉昭宛の密書を届けた際、藤田東湖と懇談し、その人柄に触れ、

「東湖先生の宅へ参ると、清水に浴したようで、心中一点の雲霞なく、清浄な心になる。水戸学は忠義を主として武士を養成するもので、学者風とは大きく違う」

と述べている。

藤田東湖

さらに藤田東湖は、人材発掘の名人でもあったようだ。

あるとき、時局を憂いた越前藩参政鈴木主税が、

「この重大な時局に、わが越前藩には人材がいない」

と嘆くのを聞いて、

「貴藩には橋本左内という逸材がおるではないか。若いのに学才・識見ともに備わっている。なぜ彼を登用しないのか」

と逆に質問した。驚いた鈴木主税は早速、越前藩重臣中根雪江に話をして、橋本左内を登用する。橋本は身の丈五尺、色白で優しい女性のような柔和なタイプだった。剣術や馬術などの武芸とはおよそ無縁で、同輩から「お前は一体何が得意なのか」と問われると、「私は猫の鳴き声を真似るのが上手だよ」といい返し、よく周囲を笑わせていたという。

それにしても水戸藩の藤田東湖はなぜ、はるか遠方の越前藩の無名の男を知っていたのだろうか？

こうして世に出た橋本左内は、越前藩主松平春嶽の有力なブレーンとなる。

だが、藤田東湖は、安政二年（一八五五年）十月、安政の大地震で圧死してしまう。享年五十歳。以来、水戸藩は、舵のこわれた船のように迷走する。

日米和親条約締結

さて、幕府は林大学頭復斎を日本側全権とし、横浜村に建てた臨時の条約館で日米和親条約

締結の交渉に入った。結局、幕府としても、アメリカ海軍随一の猛将ペリーが醸す硝煙の匂い

に抗うことができず、斉昭の説得もあって、チキン・ゲームを降りざるを得なかったのである。

この間も(かん)ペリー艦隊は短艇を出して内湾へ入って測量したり、軍艦が本牧沖へ進出したり、活発な動きをしている。

林大学頭は交渉に先立って幕府に上申書を提出し、

「万一当方より手出し仕り候えば忽ち戦争と相成り、応接も水の泡と相成り申すべく……異人ども畢竟は武威を以て諸願相立て申すべくと見込み候ゆえ、拘わり申さず、柔順に御国威を失わざるよう応接仕るべくと存じ奉り候ことゆえ、まず私方へ御任せ置かれ候」

とし、万事、外交交渉によって決着させるから、ペリー艦隊が武威を示して挑発しても、それに乗らず冷静に対応するよう幕閣に求めた。

賢明な判断というべきである。林大学頭は知らなかっただろうが、アメリカの戦争には現代に通じる独特の「パターン」があった。

米墨戦争は、メキシコ領テキサスのアラモ砦に立てこもったアメリカ人をメキシコの大軍が攻撃し、「アラモを忘れるな！　メキシコをやっつけろ！」の合言葉から始まった。アメリカがスペインからフィリピンやグアム島を獲得した一八九八年の米西戦争は、ハバナ港に碇泊中のアメリカ軍艦メイン号が謎の爆沈を遂げ、「メイン号を忘れるな！　スペインをやっつけろ！」の合言葉から始まった。そして真珠湾は……。

だからもし幕府の役人が測量作業中のペリー艦隊の短艇に弓矢や火縄銃を撃ち込んで死傷者でも出れば、「江戸湾を忘れるな！　日本をやっつけろ！」の合言葉で、たちまち戦争となったかもしれないのだ。

人間の深層心理には、極度の恐怖に晒されると前後の見境なく攻撃に出る、という面がある。話は脇にそれるが、明治二十四年（一八九一年）、来日中のロシア皇太子を警備中の巡査津田三蔵がサーベルで斬りつけてしまう。当時の日本人には強国ロシアを恐れる気持ちが強く、とくにノイローゼに近いほど極度の恐露論者だった津田三蔵は、ここで自分がロシア皇太子を斬り殺せば「日本はロシアの恐怖から逃れられる」と短絡して斬りつけたのだ。この事件が日露関係をさらに悪化させたことはいうまでもない。

だから、ペリー艦隊の出現に「夜も眠れず」というほど恐怖した幕府の警備当局であったが、ペリー艦隊の挑発行動に乗らず、林大学頭の指導を守って、よく自制したといえる。

こうして、横浜村の条約館で日米交渉が始まった。

林大学頭は、アメリカの強硬な通商要求に対し、

「わが国は四方を海に囲まれた島国であり、古（いにしえ）より衣食住ほかすべてを自給してきた。だから、差しあたり、わが国が外国から輸入しなければならない品物は無い。従ってわが国は通商の必要は無い。だが、もしアメリカ船が薪水・食料・石炭・蝋燭・油など日用品や必要品の購入を

希望するのであれば、わが国はわが国の最高道徳である『仁』の心を以て、暴利を貪ることなく、安価にてそれらを販売することを容認する。アメリカ漂流民の保護も『仁』の心を以て遇しよう」

などと丁重な態度で応酬し、アメリカが要求した通商をやんわり断った。実はここに、日米交渉の原点があるのだ。これまでもさんざん日本に無理難題を吹きかけたアメリカは、今でも「貿易収支のアンバランスは日本側に責任がある」といういい方で押してくる。だが日本側からすると、「差しあたりアメリカから購入したい品物は何も無い」ということになる。それで交渉が紛糾すると結局、航空機や軍艦を買わされることになるのだ。

こう考えると、林大学頭は、粘り強く冷静に精一杯の日米交渉を実施したといえる。日米は数回の交渉の末、安政元年（一八五四年）三月、下田・箱館開港、薪水・食糧供給などを定めた日米和親条約を調印し、アメリカに対し開国した。

首席老中阿部正弘三十六歳のときのことである。

阿部正弘が幕府海軍を創設

阿部正弘は、苦渋の条約交渉と並行して、「安政の改革」に着手した。

まず講武所を開設して武芸を奨励し、精神力の涵養(かんよう)を図った。次に蕃書調所(ばんしょしらべしょ)を開設して外国からの知識の吸収に努めた。蕃書調所はのちに東京大学となる。

人材登用にも取り組み、牢固たる身分制度のなかから川路聖謨、江川太郎左衛門英龍（ひでたつ）、勝海舟、水野忠徳（ただのり）、永井尚志（なおゆき）、大久保忠寛（ただひろ）（一翁）、岩瀬忠震（ただなり）、井上清直らを取り立て、縦横に仕事をさせた。

阿部がこれらの人材を活用して急遽取り組んだのが「海防」である。

江川太郎左衛門英龍の指導のもと、江戸湾に昼夜兼行の大工事で御台場が建設され、大坂湾岸や箱館にも砲台が築造された。また大砲や小銃製造のため伊豆韮山（にらやま）に反射炉が建設され、江戸湯島には鋳砲場が建設された。

さらに幕府海軍の創設に取り組み、ペリー初来日から二週間後の嘉永六年（一八五三年）六月十九日、早くも長崎奉行水野忠徳にオランダからの軍艦購入交渉を命じ、水野は帆走軍艦と蒸気商船の二隻をオランダに発注した。素早い決断である。水野は家禄三百俵だったが、火附盗賊改（あらため）から浦賀奉行となり、さらに阿部から長崎奉行に抜擢されていた。

嘉永七年（一八五四年）になると、先に出されていた水野からの質問への回答として、オランダ海軍ファビウス中佐から「海軍建設の意見書」が提出された。阿部はこの意見書を参考にして洋式海軍の創設を決意した。ファビウス意見書の骨子は、

第一　世界の軍艦は外輪式からスクリュー式に移っていること

第二　船体は木造から鉄製に移っていること
第三　海軍には造船所と海軍士官養成学校が必須であること

等であった。

「たった四杯で夜も眠れず」と江戸町民を驚愕させたアメリカ海軍虎の子のペリー艦隊のうち、サラトガとプリマスは「帆船」である。旗艦サスケハナとミシシッピは蒸気船だが「外輪船」である。いずれも黒い防腐剤を塗った「木造船」だった。しかしオランダ海軍ファビウス中佐は、世界の軍艦は木造外輪船から鉄製スクリュー船の時代に移りつつあることを解説し、「アメリカ海軍ペリー艦隊ですら、最早、時代の趨勢から遅れつつある」と指摘した。

当時のデーターによれば、世界の海軍は英国を筆頭とし、オランダは第五位、アメリカは第八位である。ファビウス中佐の意見書には、

「世界第八位のアメリカなんかに脅されちゃったの？　かわいそうねえ。昔からの友達の僕らオランダに相談すればよかったのに。オランダ海軍は世界一、二位というほどじゃないけど、アメリカ海軍よりはずっと上だよ。これからは何でも気軽に相談してよ」

といった同情が感じられる。さらにオランダは幕府に観光丸を贈呈した。木造外輪船ながらペリー艦隊の黒船と同等クラスだ。

海軍創設にあたり幕府が親切なオランダを頼りにしたのは自然な流れだったといえるだろう。

ファビウス意見書を読んだ水野は、木造外輪船観光丸を受領すると前の発注をキャンセルし、「時代遅れの外輪船」ではなく、スクリュー式の軍艦二隻（咸臨丸と朝陽）を改めてオランダに発注した。水野はペリー艦隊旗艦サスケハナ（二千四百五十トン、砲九門）が木造外輪船であることを意識して、船体は小さくとも最新鋭スクリュー式の軍艦咸臨丸と朝陽（ともに三百トン、砲十二門）をオランダに購入価格各々十万ドルで発注したのである。

ペリー艦隊は日本へ来るのに大西洋、インド洋、東シナ海を経由してきた。それは、ペリー艦隊が「帆船と外輪船の艦隊」だったからである。

一方、のちに咸臨丸が太平洋を横断できたのは咸臨丸が「スクリュー式」だったからである。また水野はオランダ海軍教師団を招聘し長崎海軍伝習所を設立した。ファビウス意見書で指摘された「海軍士官養成学校」の具現化である。

長崎海軍伝習所は、安政二年十月二十二日（一八五五年十二月一日）に日蘭和親条約が締結されると同時に開設され、開所式はのちにオランダ海軍大臣となる教師団長ライケン大尉を迎えて、阿部正弘に抜擢された長崎海軍伝習所初代所長永井尚志が厳粛に執り行った。以来、これにちなみ、明治以降の帝国海軍兵学校は十二月一日を入校日として永くオランダとの友情を記念したのである。

なお、長崎海軍伝習所の第一期生としては勝海舟や浦賀奉行所与力中島三郎助などの名前が見られる。小普請組四十俵の微禄の幕臣だった勝海舟はペリー来航時の卓抜した上申書が認められ、抜擢されて蕃書調所八十俵となり、さらに長崎海軍伝習生からやがて軍艦奉行となる。ペリー来航の際、フランス語で退去要求を行った中島三郎助はその後も熱心に洋学に取り組んだ。のちに中島は、榎本武揚（二期生）とともに箱館・五稜郭で新政府軍と戦い戦死したが、血に染まった軍服の懐には英語辞書が入っていた。中島三郎助は戦死の直前まで語学の勉強を怠らなかったのだ。

伝習所には幕臣のほか、薩摩藩士や佐賀藩士、筑前藩士、長州藩士、肥後藩士、津藩士等も入学した。

薩摩藩からは、のちに明治海軍で海軍大将となる川村純義（一期生）や、のちに大阪商工会議所会頭となる五代友厚（一期生）の名が見られる。佐賀藩からは、のちに明治海軍で初代軍令部長となる中牟田倉之助（二期生）や日本赤十字を設立する佐野常民（一期生）が参加している。幕府施設である長崎海軍伝習所は、幕臣だけでなく、薩摩藩士や佐賀藩士など全国の有為な人材を教育したのだ。阿部正弘が安政の改革で行った大きな功績は、徳川幕府のためだけでなく日本の将来を視野に入れて、のちに明治維新への道を拓く俊英を広く登用したことだろう。

だが阿部正弘は、ここまでやり遂げた安政四年（一八五七年）六月、過労のため三十九歳の若さで病死する。阿部亡きあとも幕臣は彼の遺志を継いで海軍の建設を進める。

・安政五年（一八五八年）、ヴィクトリア英女王から将軍に贈られた王室用ヨットを軍艦に改装し蟠龍丸と命名
・慶応元年（一八六五年）、アメリカから富士山丸を二十四万ドルで購入
・慶応二年（一八六六年）、プロシャから中古軍艦回天を十八万ドルで購入
・慶応三年（一八六七年）、石川島造船所でわが国初の国産蒸気軍艦千代田が完成
・同年、オランダからペリー艦隊の旗艦サスケハナを凌ぐ開陽丸を四十万ドルで購入
・同年、アメリカの南軍軍艦ストーン・ウォールを四十万ドルで注文、甲鉄と改名

こうして幕府は、慶応三年までに、発注済引渡前の甲鉄を含み合計八艦、七千九百八十一トン、搭載砲計八十八門を揃えた。幕府が財政の総力を挙げて創建した海軍は、ペリーのアメリカ東洋艦隊（七艦、一万八百五十四トン、搭載砲計百二十門）の、概ね七割、軍艦購入費用は百四十二万ドルに達した。

嘉永六年（一八五三年）にペリー艦隊の来航を見て「たった四杯で夜も眠れず」と驚愕した幕府は、十四年かけて、死に物狂いで、アメリカ東洋艦隊に対し、約七割の海軍を整備したのである。

形だけでも対米七割の海軍があれば、アメリカも傍若無人な振る舞いはできないだろう。かつてペリーは、金沢沖ではなく浦賀沖に碇泊するよう申し入れた浦賀奉行に対して、「要求が

通らないなら本国から大艦隊を集めてみせる」と豪語した。しかし、ペリーがいうように大艦隊が押し寄せるにしても、日本に到達するまでには、嵐で舵が故障したり、潮水でエンジンがストップしたりして、三割程度が脱落するのではないか……。

甚だ頼りない、切ないくらいの他力本願ではあるが、独立国としての矜持を保とうとするなら、これしか方策はなかっただろう。

だが「対米七割」という数字はその後の日本に暗い影を落とす。大正十一年（一九二二年）のワシントン会議で対米六割とされた日本は、昭和五年（一九三〇年）のロンドン軍縮会議でも対米七割を実現できず、六・九七五割で妥協した浜口雄幸首相は激しい世論の反発に晒された挙句、右翼の凶弾に倒れるのである。

第三章
通商条約の違勅調印

幕府の通商方針とハリスの通商要求

阿部正弘は、日米和親条約を締結した翌安政二年（一八五五年）十月、老中首座を佐倉藩主堀田正睦に譲った。

堀田正睦は、譜代大名のなかでとくに蘭学に詳しく、蘭癖と綽名される西洋かぶれで積極的開国論者の殿様だった。堀田を首席老中に起用したのは、譜代大名の最大実力者だった彦根藩主井伊直弼である。

井伊直弼が、積極的開国論者の堀田正睦を首席老中に推挙したことは、幕府の外交方針が開国を選択していたことを意味する。井伊直弼を後ろ盾に発足した新政権は、かつて阿部が抜擢した俊才のなかから川路聖謨、岩瀬忠震、水野忠徳らを外国貿易取調掛に任命し、対米通商交渉に備えた。

安政三年（一八五六年）七月、アメリカ総領事ハリスが軍艦サン・ジャシント号に乗って下田へ到着し、八月五日、下田玉泉寺に領事館旗（星条旗）を翻した。

こうして日米交渉は第二段階に入る。

ハリス来日二カ月後の一八五六年（安政三年）十月、清国でアロー号事件が起きた。

清国は「船長のみがイギリス人のアロー号は清国の海賊船である」としてアロー号を臨検し、清国人乗組員十二名を逮捕した。これに対し広東駐在イギリス領事パークスは、

「イギリス国旗を引きずり下ろしわが国を侮辱した」

と抗議し、現地のイギリス海軍を動かして広東の市街を砲撃。パークスから報告を受けたパーマストン英首相は軍隊の派遣を決定し、フランスもイギリスと行動をともにした。

清国情勢が緊迫の度を深めるなか、安政四年（一八五七年）六月、阿部正弘が病死する。阿部の病状が重いことを聞いた徳川斉昭は、

「伊勢守（阿部正弘）は大切な人」

と心配し、薬を手配したりしている。また阿部の死を聞いた島津斉彬は、

「阿部を失いたるは天下の為に惜しむべきなり。阿部のあとに、彼ほど力量のある老中はいない」

と、その死を悼んだ。

阿部を失った堀田正睦は、独力で、難局にあたらねばならなくなった。

安政四年十月二十一日、ハリスは将軍家定に謁見し、さらに二十六日、首席老中堀田正睦、川路聖謨、井上清直らに対し、日米通商条約締結の必要性を力説した。ハリスの主張は、

一、アメリカは武力によって他国を侵略することはしない

二、イギリスはロシアの南下を警戒している

三、ロシア南下を阻止するためイギリスは日本と戦争し箱館を占領しようとしている

四、イギリスはアロー号事件を起こし清国を侵略している
五、イギリスは日本にもアヘンを売りつける計画だ
六、それゆえ日本はアメリカと通商し、軍艦や大砲をアメリカから輸入すべきだ

というものである。

これに対し松代藩士で兵学者の佐久間象山は、

「ハリス申し出の第一項は嘘である」

と喝破した。さらに、第二項と第四項は正しいが、第三項と第五項も真偽不明ながら嘘に近いとした。

そうなるとハリスが主張する第六項の結論については、判断の下しようがない。

こんなふうに幕府が頭を抱えていた一八五七年（安政四年）年末、本国から増援を得た英仏連合軍が広東に総攻撃を開始し、清国情勢は危機的状況となってきた。ハリスの熱弁を聞くまでもなく、堀田正睦をはじめ幕閣は「清国の二の舞を演じる訳にはいかない。通商条約締結はやむを得ない」と考え始めていた。

しかし事が余りに重大で、国内合意形成にも困難があり、ハリスの発言内容も真偽が入り交じって全幅の信頼を置き難く、判断を先延ばしにしていたのである。

一方ハリスはいつまで経っても回答が来ないことに業を煮やし、

「予の通商条約締結の希望を提言せしより二十九日を経過せるにも拘わらず、いまだ一片の返書も与えられず。余は斯かる無責任を忍ぶこと能わざるなり。日本政府、もし鎖国の墨守を選ばば、余は断然旗幟(きし)を撤して帰国せんのみ。されば平和の使者に代わって来らんものは幾隊の軍艦ならん。日本の迷夢を覚醒せんものは、砲煙弾雨のほかはあらず」

と堀田を恫喝した。

ハリスの剣幕に驚いた堀田は、幕吏のうち最も俊才で開明的で外国通でもある目付岩瀬忠震、それに下田奉行井上清直を急遽、全権委員に任命し、条約締結交渉にあたらせることにした。

岩瀬忠震は積極的開国論者である。このことは、当時、岩瀬の下で働いていた福地源一郎（桜痴）が、

「非開国の群議の間に立ちて、断然、世界の通義を主張し、『貿易条約は欧米諸国の望みに応じてこれを締結せざるべからず、しからざれば日本は孤立して国運もついに危し』と公言し、以て閣議を動かしたるは岩瀬なり。当時、幕吏中にて毫(ごう)も鎖国攘夷の臭気を帯(お)びざりしは岩瀬一人にして、堀田閣老をしてその所信を決断せしめたるも岩瀬に外ならざりし」（『幕末政治家』）

と証言している（福地は薩長に対し決戦を主張した人物でもある）。この福地の証言には開国にかける熱に浮かされたような岩瀬の思い入れが感じられる。岩瀬はハリスに、

「自分は使節としてアメリカへ行きたい」

と渡米の夢まで語った。

片やハリスは、

「岩瀬は（しばしば）余を閉口せしめることありき。かかる全権を得たりしは日本の幸福なりき……」

と当時のことを書き残し、岩瀬の交渉力を高く評価している。

ハリスと岩瀬らの日米通商条約交渉は十三回にわたった。この間、ハリスは威嚇したり説得したり、硬軟織り交ぜての駆け引きを展開し、ついに安政五年（一八五八年）一月、通商条約案十四カ条及び貿易章程七則を成立させた。ちなみに、岩瀬らは条約案に、

「軍用の諸物は日本役所の外へ売るべからず」

すなわち「武器の輸入は幕府に限る」と制約を付けた。武器輸入が自由化され、国内反政府勢力が外国製の最新鋭武器を入手すると、内乱により政府が転覆しかねないからである。

こうしてすべての交渉が終わり、あとは調印を待つばかりとなった。

幕府はこれと並行して諸大名に対し、通商条約締結の是非について、安政四年十一月から十二月にかけて、三回にわたり意見を諮問した。

さらに将軍家定は十二月の年末、大廊下詰、溜間詰、大広間詰の諸大名を集め、その場で首席老中堀田正睦が「貿易開始はやむを得ない」と演説し、諸大名の同意を求めた。

かつて日米和親条約締結の際、阿部正弘は諸大名・幕臣・江戸庶民にまで黒船来航の情報を

公開して各々の意見を求めたが、堀田もこの例を踏襲して諸大名の意見を徴したのである。このように阿部や堀田の政権下では、諮問という形で衆議を決することが慣例となり、常態化していた。

諸大名の答申案は、ほとんどが「貿易開始はやむを得ない」というものであったが、無条件の貿易承認論は少なく、「貿易は年限を切って試行すべし」とか、「外国公使の江戸駐在は反対」とするものが多かった。このとき徳川斉昭は「出貿易論」を唱えたが、少数意見として、堀田から却下されている。

結局、

「貿易開始はやむを得ないが、朝廷に奏上し、朝廷から勅許を得るべし」

ということになった。雄藩連合は一致して、これまで政治・外交の枠外にあった朝廷を政治の場へ引き出し、朝廷を雄藩連合統合の象徴に据えようとしたのである。

そこで堀田は、自ら京都へ出向いて勅許を得ることとし、ハリスと交渉して条約調印予定日を二カ月後の三月五日とした。この事情をハリスは、

「私は、老中が京都に行き皇帝の認可を得るまで条約の調印を延期しようと欲し、京都から戻り次第条約を締結することを知った。

私は彼らに、ミカド（帝）が承諾を拒んだらどうするかと訊ねた。彼らは断固たる態度で、幕府はミカドからの反対を受け付けないと答えた。

私は儀式だけのために調印を延期する必要がどこにあるのか、と問うた。彼らは、この厳粛な国事行為そのものに価値があると答えた。私はミカドに対して荘重に奏上し、ミカドの最終決定によってあらゆる物議が直ちに治まる、と了解した」

と日記に書いている。

ハリスは、これから行われることは「ミカドによる国事行為という荘重で厳粛な儀式」と認識したのである。

朝廷の攘夷論

通商条約の勅許を得ようとした堀田正睦は、安政四年末、林大学頭、目付津田正路（まさみち）を京都へ先発させ、公卿衆に「通商条約締結はやむを得ない」と説明させた。

次に堀田は、年が明けた翌年一月二十一日、勘定奉行川路聖謨、目付岩瀬忠震らを随行して江戸をたち、入京して、勅許を得るべく活動した。京都に着いた堀田は早速、議奏二卿（久我（こが）、万里小路（までこうじ））と伝奏（てんそう）二卿（広橋、東坊城）に面会し、国外情勢を詳しく述べたうえで、

「開国通商は宇内（うだい）（世界）の大勢にして、鎖国攘夷は天下の大患なり」

と力説した。また幕府は堀田の朝廷工作を支援するため皇室と関白九条尚忠（ひさただ）と前関白鷹司政通に各々一万両、武家伝奏にも各々一千両を贈呈することとし、堀田にまず七千両を各方面に

届けさせた。

しかし、堀田は朝廷を動かすことができなかった。

とくに孝明天皇は西洋人を日本に近づけることを極端に嫌い、九条関白への手紙に、

「夷人の願いどおりになっては天下の一大事であり、伊勢神宮はじめに対して恐懼の至りであり、皇祖に対しても不孝であり、自分は身の置きどころもない」

と記され、さらに、幕府が多額の金銭の贈呈を企図していることを、

「堀田正睦が莫大な献上物をするそうであるが、献上物がどれほど多額であっても、それに目がくらんでは天下の災害の元となる。とかく黄白（金銭）には心が迷うものであるが、今度のことは心を迷わしては大変なことになる」

と嫌悪された。条約問題を金銭で解決しようとした姿勢が天皇の不信を買う結果となったのだ。

孝明天皇が大納言、中納言、参議らに対して外交問題について意見を上申させたところ、「墨夷（アメリカ）の要求に従うのは神州の恥」とか、「条約を謝絶して戦となればこれを打ち払うべし」とか、「諸大名と会議して異人の到来を厳禁すべし」などの強硬な攘夷論が大勢を占めた。

この様子を、越前藩士で開国論者の橋本左内は、

「憎むべきは書生の輩がしきりに流言を飛ばすことだ。公卿たちに西洋の事情を話して説得しても昔気質でほとんど理解せず、困ったものだ。これでは政権が公家から武家に移ったのも当

然のことだ」

と嘆いている。

こうした逆風のなかではあったが、彦根藩主井伊直弼の腹心長野義言(よしとき)の工作もあり、幕府に協力的だった関白九条尚忠の働きで朝廷から堀田正睦に対し、

「外交は幕府に委任する」

との勅答を三月十四日に伝えるというところまで漕ぎ着けた。

だがホッとしたのも束の間、その前々日の三月十二日、攘夷思想に固まる公家たちが続々と参内し八十八人の連名で、「外交を幕府に委任する勅答には反対」との意見書を提出し、さらに無位無官の非蔵人(ひくらうど)の若い公家五十数人、昇殿を許されない下級の廷臣九十七人も連名して反対意見を上申したのだ。

このような異常な雰囲気の下(もと)、三月二十日、朝廷は堀田正睦に、

「通商条約調印問題については、御三家以下の諸大名の意見を聞いたうえで、改めて願い出るように」

との勅諚(ちょくじょう)を下した。既に水戸藩から朝廷に徳川斉昭の出貿易論が入説(にゅうぜい)されていたのかもしれない。

こうして「朝廷から勅許を得て通商条約締結問題を一気に解決しよう」と軽く考えた堀田正睦の目算は外れ、京都工作は失敗に終わった。結局、問題は振り出しに戻り、堀田は空しく江

戸へ帰ったのである。

条約再諮問に際し徳川斉昭が反対を表明

首席老中堀田正睦の京都工作が暗礁に乗り上げたことは、幕府にとって外交上の危機であり、同時に、内政上の危機でもあった。これまで幕府は内政・外交とも朝廷から委任されていたのに、今回それが覆ったからである。

この難局にあたり、幕府は切り札の「エース」をマウンドに送るしかなかった。大老井伊直弼の登場である。

堀田が江戸へ帰着した三日後の安政五年（一八五八年）四月二十三日、彦根三十五万石の藩主で譜代大名のリーダー井伊直弼四十四歳が大老に任じられた。大老とは、老中の上位にあり、将軍の名の下に幕政を専断する職位である。

大老井伊直弼は、その日から御用部屋へ入り、老中の上に座して政務を見た。

井伊大老が直ちに解決しなければならない課題は、勿論、通商条約調印問題である。

堀田がハリスに約束した調印予定日の三月五日から、既に一カ月以上も過ぎている。

井伊大老は堀田にハリスと交渉させ、条約調印予定日を七月二十七日へ延期させた。この日までに諸大名から条約調印の同意を得て、晴れて朝廷から条約勅許を得ようと考えたのである。

井伊は諸大名に登城を命じ、その場で堀田正睦が先の勅諚を示し、

「幕府としては通商条約調印方針に変更はないが、勅命なので再び意見を求める」

と説明した。

これに対する諸大名の答申の多くは「条約調印はやむを得ない」というものだった。

ところが、思わぬ横槍が入った。御三家の水戸藩主徳川慶篤と慶篤の父で前水戸藩主徳川斉昭と尾張藩主徳川慶勝（よしかつ）が、幕府の方針に対して通商条約調印反対を唱えたのだ。

この反対論の中心人物が徳川斉昭だった。


前述のとおり、首席老中堀田正睦が通商条約締結の是非について安政四年十一月から十二月にかけて諸大名の意見を諮問したとき、徳川斉昭は、

「ハリスの要求を容れることは容易ならざる国難を起こす元であるから、国内での貿易は拒絶し、自分が外国へ赴（い）いて貿易を行う」

という「出貿易論」を答申した。出貿易は、

・外国へ出かけて貿易を行う、という実質的な開国だから通商を迫る諸外国も満足するだろう
・幕府は貿易利潤により富を蓄積して軍艦・大砲など海防軍備を整えることができるし、海

外情報も入手できるし、航海術も身につく

・利潤によって富国強兵が実現すれば、西洋列強から侮られない国造りができる

・国内での貿易は拒絶するのだから、外国人は日本本土へ足を踏み入れないので朝廷・攘夷派など夷狄嫌いの人々を刺激しないで済むし、来日外国人と国内攘夷派とのトラブルも発生しないだろう

と予想された。


　そもそも出貿易論は、勝海舟が「大船を造って海外に出貿易すべし」と論じており、またのちに長州藩直目付長井雅楽が『航海遠略策』で出貿易を論じて朝廷の支持を得る。

徳川斉昭が自ら赴くという出貿易先は何処を指すのか不明であるが、ルソン島か琉球か小笠原か伊豆大島か、はたまた八丈島だったかもしれない。

もし出貿易先が八丈島だったら、罪人の流刑地だった八丈島に異人が上陸しても、朝廷は文句はいえなかっただろう。また攘夷派といえども、鳥も通わぬ八丈島まで小舟を操り舟酔いに耐えながら異人を斬りにゆく酔狂者も少なかっただろう。なにより幕府御用達となって輸出入物資や人員を運ぶ江戸〜八丈島定期航路はドル箱路線となって、幕府財政を潤したに違いない。


　出貿易論は良いことずくめの名案であり、当時、有力な選択肢だった。

だからもし、首席老中堀田正睦が徳川斉昭の出貿易開国論を採用したなら、この後に起きる

わが国の深刻な国内対立は、避けることができたかもしれない。

たしかに名案ではある。しかし、既にハリスとの間で日米通商条約案が文案まで作成済みだったから、堀田正睦は徳川斉昭の出貿易開国論を却下した。

このとき、堀田正睦は徳川斉昭のもとへ自ら出向かず、配下の川路聖謨を差し向け、通商条約締結のやむなきことを説明させたが、斉昭は、堀田が部下を差し向けた非礼に激怒した。日本的風景である。

徳川斉昭は大変機嫌が悪く使者の川路聖謨に対し、冒頭から、

「だいたい備中守（堀田正睦）は不届きな奴だ。この前も備中守が『何か妙案があるなら教えてほしい』というので意見を述べたが、『さっぱりわからぬ』といっていた。もってのほかだ。備中守に腹を切らせ、ハリスの首をはねてしまえ」

と怒りをぶつけた。

困った川路が、

「今後、堀田老中がいろいろ取り計らうこともありましょうから、その節には御意見をお聞かせください」

と取りなしたが、徳川斉昭の怒りはおさまらず、

「勝手にせよ！」

と捨てゼリフを吐いた。説得を諦めた川路は、帰りがけに水戸藩家老安島帯刀に、

「御意見なきものと承りました」

といい残して、水戸藩邸を退出した。


そもそも堀田が代理に川路を選んだのはミス・キャストだった。

秀才にして能吏の川路聖謨のことだから、通商条約の必要性を斉昭に理路整然と説明したに違いない。しかし川路は三河譜代の幕臣ではない。川路の父内藤吉兵衛は各地を流浪し御家人株を買って幕府の徒士組（かちぐみ）となった人で、聖謨は九十俵三人扶持小普請組川路三左衛門の養子となった。小普請組といっても実際は無役で、聖謨の母は寒中に水垢離（みずごり）を取って聖謨が役職に就けるよう神仏に祈ったという。やがて聖謨は支配勘定出役、評定所書物方出役という下級職を振り出しに徐々に栄進して勘定奉行にまで登り詰めた。聖謨は睡眠はわずか二時間しか取らず、未明に槍のスゴキ三千本、大棒振り千本、居合刀の素振り三百本を己れに課して鍛錬を怠らず、のちに江戸城開城に際しては、遺書に、

「自分が軽い身分から取り立てられ、徳川譜代の方々と同列に勤めることができたのは、君恩の賜物（たまもの）である」

と記し、徳川幕府に殉じて割腹自決を遂げる人物である。

徳川斉昭とて身分制度に拘泥しない立派な殿様である。斉昭は人材登用に充分な意を用い、身分は低くても有能な者は積極的に抜擢した。決して門閥にこだわっている訳ではない。

しかしそれでも……。徳川斉昭にとっては、三河譜代でもない川路ごときがしたり顔で外交を論ずるのを聞くのは、不快だったに違いない。堀田が「天才」を説得するため「秀才」を差し向けたことは「火に油を注ぐ結果」となったのである。

水戸藩は御三家という高い家格ではあったが、幕府が少禄の譜代大名による官僚専制体制で運営されている以上、徳川斉昭が見識と実行力に優れた当代随一の実力者であっても、幕政に参画して腕を振るうことは絶対にできない。斉昭は、厳然たる官僚制度の壁に、政治参加を阻まれていた。斉昭には、自分がいかに有能でも幕政に参加できず、敬して遠ざけられている体制への鬱屈があった。

御三家の徳川斉昭と譜代の堀田正睦の間には、こうした感情のもつれがあったのだ。だから堀田が御三家や諸大名に通商条約問題について説明したとき、徳川斉昭は断固反対を唱えたのである。

斉昭という殿様はやはり「怜悧と激情」が同居した気難しい人物であったようだ。

古い話だが、こんなことがあった。天保八年（一八三七年）二月の穏やかな世情のなかで徳川斉昭は「甲冑謁見式」を行った。藩士たちに甲冑をまとわせて江戸小石川藩邸に集合させ、斉昭も自ら甲冑を着け、軍陣の作法を実施したのである。天下泰平の江戸の町中を、物々しく甲冑に身を固めて藩邸に集まった水戸藩士たちは、時代離れしたやり方への恥ずかしさもあっ

てか、

「殿はあやしき事をのみ好みたまう」

すなわち「わが殿はバカか？」と疑ったようだ。しかし一週間後、大塩平八郎の乱が勃発し、甲冑謁見式に参加した水戸藩士たちは斉昭の先見性に初めて気づいた。

またこれも古い話だが、天保十年（一八三九年）、斉昭は西洋に対する強い危機意識から幕府に、

「夷狄（いてき）は神国の人心を誑（たぶら）かし神国の富を掠め最後に兵威を以て国を奪う。従って渡来する外国船は、直ちに打ち払うべきである」

と強硬な意見書を提出した。しかし嘉永六年（一八五三年）のペリー艦隊来航という現実に直面すると、首席老中阿部正弘の諮問に対し、

「今となっては打ち払ってよいとばかりもいえない。できるだけ多くの人々と相談して決定するしかないだろう」

と回答し、「日米和親条約締結やむなし」との柔軟姿勢に転じている。

このような、事に臨んでの冷静と柔軟も徳川斉昭の特徴である。

かつて徳川斉昭は阿部正弘を、

「憤激などは致さざる性にて、申さば瓢箪（ひょうたん）にて鯰（なまず）を押さえるふうの人」

と評し、阿部の穏やかな人柄と調整能力を高く評価し、全幅の信頼を寄せていた。

片や、阿部正弘も、斉昭の激情を包み込みながら、斉昭の怜悧に全幅の信頼を寄せた。徳川

斉昭と阿部正弘は、互いに、自分に無いものを補い合う良いコンビだったのである。

しかし堀田正睦は開明的で進歩的な開国一本槍の理想主義者で、相手に対して充分な意を用いる調整型の殿様ではなかった。

こうして徳川斉昭は堀田正睦、ひいては井伊直弼と激突する。

通商条約違勅調印と将軍継嗣問題

井伊大老は、徳川斉昭ら御三家から通商条約締結反対論が噴き出し、困惑した。

そこで井伊は早速この訂正を求める工作を始め、腹心の長野義言を攘夷論の震源地の京都へ再び入京させて政治工作を行わせ、幕府の開国方針に協調的な関白九条尚忠を援護させた。しかし井伊のこの工作は難行した。

井伊大老が国内調整に難渋しているさなか、隣の清国ではイギリス・フランスとの戦争が清国の敗北によって終わろうとしていた。

イギリス・フランス連合軍は大沽（タークー）砲台を占領し、北上して天津へ至り、首都北京に迫った。

こうなっては清国は講和せざるを得ず、一八五八年六月（安政五年五月）、イギリス・フランス・アメリカ・ロシアと天津条約を結んだ。天津条約の内容は、

一、外交官を北京に駐劄させること
二、イギリスに四百万両、フランスに二百万両の賠償金を支払うこと
三、外国人は内地を自由に旅行できること
四、揚子江を開放すること
五、アヘン貿易を公認すること

等であり、清国外交の完全敗北だった。

清国がこういう状況になった六月十七日、ハリスが下田から軍艦ポーハタン号に乗って横浜小柴沖へやってきて、幕閣に、

「アロー号事件を契機とする清国とイギリス・フランスとの戦争が終わり、六月（和暦では五月）に天津条約が結ばれた」

ことを知らせ、さらに、

「戦勝を誇る英仏両国が日本に大艦隊を派遣して通商条約を結ぼうとする説があり、そうなれば日本はアメリカの条約案よりさらに過酷な条件を呑まされるだろう」

と風説を折り込んで警告し、すみやかに日米通商条約を調印するよう力説した。

こうして幕府の開国外交は、重大な岐路に立った。すなわち、

一、朝廷の勅許が得られないことを理由に日米通商条約の調印を延期すれば、アメリカは「日本の代表はタイクン（将軍）でなくミカド」と判断して、朝廷と交渉を開始する
二、朝廷は、鎖国攘夷を主張して、アメリカの通商要求を拒否する
三、日米戦争となり、そして日本は負ける
四、敗戦後、日本はハリス提案の条約案より不利な条約を押し付けられる
五、日本は、清国のように領土の一部を割譲されたり、独立を脅かされるなど、国体を堅持することは困難になる

と予測された。

大老・老中以下幕府首脳部は対策を鳩首協議した。議論の焦点は、

「あくまでも勅許を要請し、勅許が得られるまでは日米通商条約調印を先送り」するか、あるいは、

「アメリカの要求を受け入れ、朝廷から勅許が得られないままでも、条約に調印する」かに絞られている。

すなわち、朝廷の了解という国内事情を優先するか、アメリカの要求という外交事情を優先するか、である。この期に及んで、国内事情と外交事情を両立させる時間的余裕は残されていなかった。

はじめのうち井伊大老は「勅許なしでの通商条約調印は不可である」と公言した。無勅許調印による国内的混乱を想像すれば、為政者として当然の立場である。

理由はそれだけではない。実は、井伊は強い尊皇の念をもっていたのである。井伊は彦根藩主になる前の不遇の時代、三百俵の捨扶持（すてぶち）に甘んじながら「埋木舎（うもれぎのや）」と呼ばれる質素な屋敷で熱心に学問に励んだ。井伊が学んだのは石州流茶道であり、能であり、和歌であり、国学だった。なかでも和歌と国学に強く傾注した。こうした思いから若き日の直弼は、国学者の長野義言を「師」と仰いだのである。直弼は長野義言への手紙のなかで、

「先生は私の師であり、私は先生の教え子であります。何故これほど先生のことが慕わしく思われるのでしょうか」

と、長野に対する敬慕の念と学ぶ悦びを書き記している。肥後阿蘇神社の出とされる長野義言の国学とは、

「今の政治を、古事記が伝える八百万の神々の心に帰して、皇朝政治の原点に立ち戻すべき」

とする素朴な尊皇論であり、幕府公認の儒学を「支那からの輸入思想」として排撃し、日本は建国の原思想に回帰すべきと主張した。長野は、己れの主張を著書『沢能根世利（さわのねせり）』において、

「天照大御神の神勅にあるように、わが国は天地日月のあらん限り、この道の変わることのない国である」

と書き表わし、尊皇の重要性を強調している。この国学者長野義言を師と仰いだ井伊直弼も、

当然、感化を受け、相当な尊皇家になったようである。従って井伊直弼としては、なんとか勅許を得て円満裡に通商条約を調印したい、と願ったのである。

しかし、現実はそうはならなかった。朝廷から条約勅許を得られる状況ではまったくなかったからである。

そのうえ清国の敗北によりわが国を取り巻く情勢が一段と緊迫してきた。

こうしたなかで幕府外交の担当者たちは、迫り来る危機への顧慮を優先し、

「この際、勅許が得られなくても、条約調印はやむを得ない」

と考え始めた。

この急先鋒となったのが目付岩瀬忠震である。このときの様子について幕臣の福地源一郎は、岩瀬は無勅許調印の影響を心配する同僚の水野忠徳（前長崎奉行）に対し、

「岩瀬冷笑して曰く。京都公卿等には、宇内の大勢を弁別して国家の利害を悟り条約勅許に同意する者、一人も無し。是を知りながら徒らに勅許々々と勅許をたのみ、その為に時機を失ひ、英仏全権等が新捷の余威に乗じて我国に来るを待たんは、実に無智の至りなり。かかる蟠根錯節（ばんこんさくせつ）の場合に遭遇しては、快刀直截のほかは、有るべからず」（『幕末政治家』）

と答えた、と証言している。大胆な判断である。岩瀬はこのとき「右顧左眄（うこさべん）せず、信念を固くして覚悟を決める」と断言したのだ。福地の証言によれば、さらに岩瀬は、無勅許調印の政治的混乱を心配する下田奉行井上清直に対して、

「この調印の為に不測の禍を惹起して、或いは徳川氏の安危に係はる程の大変にも至るべきが、甚だ口外し難き事なれども、国家の大政を預かる重職は、この場合に臨みては社稷を重しとするの決心あらざるべからず」（『幕末政治家』）

　との覚悟を披瀝した。岩瀬は井上に対し「開国に踏み切ることにより徳川政権が崩壊するとしても、国の政治を預かる重職は自分自身の保身より国家の命運を優先するべき」との使命感を吐露したのである。見事！　というほかはない。ここには、岩瀬自身の保身や徳川政権の安泰を願う気持ちを超越した清々たる為政の心が示されている。

　岩瀬忠震の祖は、もとは東三河設楽郡の豪族で、その後、徳川家の家来となった。そのため忠震の実父設楽貞丈は千四百石取りの旗本であり、実母は林大学頭述斎（復斎の父）の娘である。忠震は二十六歳のとき幕吏登用試験である昌平黌の天保十四年校試を受験し、上等三人、下等十九人の合格者のうち下等第八席で合格した。忠震の最初の御役目は世子右大将様（第十三代将軍家定）付きの小姓だった。忠震はまずは恵まれたスタートを切ったのである。岩瀬忠震の純粋さは、こうした恵まれた環境が、良い意味で顕現したようである。

　井伊は、この期に及んでも目付岩瀬忠震、下田奉行井上清直に、

「勅許を得るまで調印を延期するよう交渉を行え」

　と命じた。

しかし、ハリスと毎日向き合っている現地の交渉当事者としては、ぶらかし策は限界に来ており、ハリスの不機嫌に日夜接し、懊悩（おうのう）していた井上は思い余って、井伊に、

「もし、どうしても調印しなければならない際には、調印してよろしいか」

と尋ねた。

井伊大老としても、下田奉行の切羽詰まった質問に対し、むげにはできず、

「その際はしかたがない」

と、調印の内諾を与えるしかなかった。

井伊はこのときの心境について、

「勅許が得られないといって条約を調印せずにアメリカと戦争になり、敗北して占領され領土を割譲されるとなれば、これ以上の国辱はない。アメリカの開国要求を拒絶して戦争に敗れ、永久に国体を辱めるのと、勅許を待たないで開国しアメリカとの戦争を回避して国体を堅持するのと、どちらが大事か。現在、わが国の海防・軍備は充分でない。しばらくの間、外国の要求を取捨し、害のないものを選んで許可するだけである。朝廷の意向は『国体を汚さぬように』との趣旨である。そもそも大政は幕府に委任されている。しかし勅許を得ない重罪は、甘んじて直弼一人がこれを受ける決意である」（『井伊家文書』）

タウンゼント・ハリス

と述べている。

井伊の決断により、日米通商条約は、安政五年六月十九日（一八五八年七月二十日）、勅許のないまま、ポーハタン艦上にて、ハリスと岩瀬忠震・井上清直との間で調印された。井伊はのちに、

「春浅み、野中の清水、氷いて、底の心を、汲む人ぞ無き」

との和歌を詠んでいるが、直弼のいう底の心とは、果たして「通商の必然性」のことを指していたのか、あるいは直弼が形にして顕わすことができなかった「尊皇の念」のことだったのか？

今となっては、最早、論ずる者さえもいない。

一橋派と南紀派

勅許を得られぬまま通商条約が調印されると、前水戸藩主徳川斉昭、水戸藩主徳川慶篤、尾張藩主徳川慶勝、越前藩主松平春嶽らは、

「無勅許調印は不敬である」

として、安政五年六月二十四日、江戸城に押しかけ、井伊を詰問した。だが、大名の登城日はあらかじめ定められており、この日は定式登城日ではなかった。そこで、「恐れ入りました」

とひたすら彼らに平身低頭を繰り返していた井伊は反撃に転じ、七月五日、不時登城を理由として、徳川斉昭を江戸水戸藩邸での謹慎、徳川慶勝と松平春嶽は隠居・慎（つつしみ）、徳川慶篤と一橋慶喜は登城停止という処分を下した。

井伊は、徳川斉昭、徳川慶篤、徳川慶勝、松平春嶽らが不時登城した翌日の六月二十五日、諸大名に登城を命じ、

「実子が無かった第十三代将軍家定の後継は、紀州藩主徳川慶福（よしとみ）に決定した」

と発表した。こうして徳川慶福が同年八月、第十四代将軍家茂（いえもち）となった。

幕府の伝統的考え方によれば、後継将軍は家定に血統の近い徳川慶福が有力候補であることは明白である。

ところが国難を憂慮する老中阿部正弘、前水戸藩主徳川斉昭、薩摩藩主島津斉彬、越前藩主松平春嶽ら有力者の間から、

「今までのような譜代大名による専制政治をやめ、血統はともかく聡明な人物を新将軍に据え、御三家や有力諸藩の合議によって新将軍を盛り立てて、実行力ある雄藩合議制により難局を乗り切ろう」

という新しい考え方が出てきた。すなわち、英明の誉れ高い慶喜の擁立である。この一橋慶喜を後継将軍に推したグループが「一橋派」と呼ばれた。

そもそも、阿部正弘は慶喜が七郎麿と呼ばれていた幼少期から慶喜の英邁に着目して、御三

卿一橋家の世嗣とし、第十二代将軍家慶の慶の字を与えて慶喜と名乗らせ、将軍継嗣候補として育てたのである。

しかし、最大の実力者阿部正弘は、後継将軍決定のこの時期、既に亡き人となっていた。

一方、従来から幕府要職を占め幕府官僚群を構成し幕政を運営してきた譜代大名たちは、

「幕府が危機のさなかにある今こそ、幕府の統制力を強化し、雑音を排除して開国を推進し、難局を乗り切るべき」

と考えた。こうした従来からの伝統的な譜代大名による幕府専制主義を主張したのが、いわゆる「南紀派」である。彼らは一致して前将軍に最も血統の近い紀州藩主徳川慶福を将軍継嗣に推挙した。この「南紀派」の巨頭が、譜代大名のリーダーで大老の井伊直弼だった。

また前将軍家定と生母本寿院（お美津の方）は以前から徳川慶福を支持し、大奥では雛人形のように可愛い美少年の徳川慶福に人気が集中し、質実剛健の水戸人は嫌われた。

だから井伊直弼が後継将軍に徳川慶福を選んだことは、大奥でも歓迎されたようだ。

それだけでなく、何事も華美できらびやかな大奥と、質実剛健を藩風とする水戸藩との折合いは、もともと悪かった。こののち井伊大老を襲撃する「桜田門外の変」を企て、事件後、追い詰められて大坂で自刃する水戸藩士高橋多一郎は、大奥について、

「大奥は政治上の大弊害である。外国船打ち払いともなれば、外国船が江戸湾へ乗り入れ、大砲の響きが聞こえる。そうなれば大奥の女どもが恐ろしさに泣き叫ぶことは申すまでもなく、

将軍に『危ない、危ない』などといって、将軍は甲府へ疎開などになってしまうかもしれない。今春、将軍が鹿狩りを行って小兎を仕留めたとき、大奥の女どもは涙を流して『酷たらしいことをなさったものだ』といったという……」

と書き、大奥の軟弱な気風が将軍家の判断に影響を及ぼしていることを嘆いた。

このように大奥と水戸藩の間に深い溝がある以上、この時期に水戸藩ゆかりの慶喜が将軍になる可能性は、もともと低かったようである。

第四章
吹き荒れる攘夷の嵐

戊午の密勅

日米通商条約が勅許を得ないまま安政五年六月十九日に調印されると、孝明天皇は激怒、六月二十八日、

「通商条約調印は許し難い。自分は天皇として微力であり世を治めることができないので、帝位を伏見宮か有栖川宮かに譲りたい」

と退位の意向を示され、関白九条尚忠を悩ませた。開国派の九条尚忠が孝明天皇から疎まれ遠ざけられると、早速、青蓮院宮や右大臣鷹司輔熙（すけひろ）らが九条関白の排斥に動き出す。

さらに孝明天皇は、八月七日、水戸藩に「戊午（ぼご）の密勅」を下す。

密勅は、勅書下付に反対した関白九条尚忠の副署がないまま、万里小路正房（なおふさ）から水戸藩京都留守居役鵜飼吉左衛門に下り、子の鵜飼幸吉が受領して、十六日に水戸藩家老安島帯刀を介して藩主徳川慶篤にもたらされた。さらにその写しが、近衛家を通じて尾張藩や薩摩藩などへ、鷹司家を通じて加賀藩や長州藩など公卿と誼のある諸大名へ伝達された。

「戊午の密勅」の内容は、

一、井伊直弼が勅許なく日米通商条約に調印したことを糾弾せよ

二、御三家、諸藩は朝廷を尊重して攘夷・公武合体につとめよ

三、密勅の趣旨を全国の諸大名に回付・伝達せよ

というものである。

朝廷が、幕府を差し置いて水戸藩に直接密勅を下し、諸藩を糾合して幕府を糾弾するよう命じたことは、水戸藩が幕府転覆の中心になれ、というにひとしい。

一方幕府としては、朝廷によって威信を失墜させられたのだから、重大事である。

「戊午の密勅」は、こののち幕末の抗争・流血の最大原因となる。

この密勅への対応を巡り、水戸藩では大騒動が生じた。

同藩では、徳川斉昭が師匠と仰いだ会沢正志斎が前述のとおり、

「日本国は朝幕とか東西とかで争うことを止め、一つの家として皇室を戴き、全国一丸となって武威を備え、西洋・外夷から侮りを受けぬようにしようではないか」

という趣意の緩（ゆる）やかな統一国家形成論として尊皇攘夷を唱えた。ところが水戸藩の尊皇攘夷派は、密勅への対応を巡り、「激派」と呼ばれる過激派と、「鎮派」と呼ばれる穏健派に分かれ、両派が激しく対立するようになる。

激派は、高橋多一郎や武田耕雲斎らによって指導され、「朝廷の求めに従って密勅を諸藩に回付・伝達すべきである」と主張し、のちに「桜田門外の変」や「坂下門外の変」や「天狗党の乱」などを引き起こす。

これに対して、事態を重く見た大老井伊直弼は、水戸藩に密勅の返納を求めた。

「大老の求めに応じて密勅は朝廷または幕府へ返すべきであろう」

こう考えたのが「鎮派」で、そのリーダーは、そもそも尊皇攘夷を最初に唱えた会沢正志斎である。

しかし密勅返納に反対する「激派」は、江戸に近い水戸街道の小金宿（現松戸市）に集結し、密勅返納を阻止すべく気勢を挙げた。

業を煮やした井伊大老は、安政六年（一八五九年）八月二十七日、密勅降下に関わったとして水戸藩家老安島帯刀を切腹、鵜飼吉左衛門を斬首、同幸吉を獄門に処した。また何かと逆らう前水戸藩主徳川斉昭を「江戸水戸藩邸での謹慎」から「水戸での永蟄居」へ、水戸藩主徳川慶篤を「登城停止」から「差控」へ、一橋家当主一橋慶喜を「登城停止」から「隠居・慎」へと罪を加重した。

「安政の大獄」の始まりである。

驚いた水戸藩は直ちに密勅返納を正式決定した。

しかし高橋多一郎ら激派数百人は、水戸街道の長岡宿に集結して通行人の検問を実施し、密勅返納を実力で阻止（長岡屯集）しようとした。この動きに対して会沢正志斎は万延元年（一八六〇年）二月十六日、

「長岡宿に屯（たむろ）する激派の輩は逆賊である。従って討伐する」

とし、徳川斉昭の了解を得て、激派討伐のための追討軍四百余人を編成。追討軍は二月二十三日に進発することとなった。

だがこれを知った高橋多一郎ら激派は、脱藩して江戸へ逃れ、万延元年三月三日、「桜田門外の変」を起こして井伊を殺害するのである。

すると、井伊の死で、返納問題はうやむやとなり、密勅は水戸に留められたままとなった。

徳川斉昭と会沢正志斎は、

「車がさっぱり進まないといらだって、尊皇攘夷というアクセルを踏み込んだら、車が急発進して暴走したので、ブレーキを踏もうとしたら、ブレーキがまったくきかない」

という状態となって、水戸藩を制御できなくなり、動揺をきたした。

そして桜田門外の変の五カ月後、徳川斉昭は永蟄居を解かれることなく、満月を観賞して厠（かわや）に立ったあと、心臓発作で死去した。

異人斬り

話しは少し遡（さかのぼ）るが、安政六年六月に横浜、長崎、箱館の三港が開港されロシア、イギリス、フランス、オランダ、アメリカと貿易が始まると、通商交易に反対する攘夷派によって異人斬りが頻発した。

横浜開港一カ月後の七月はまだ井伊大老の時代だったが、食糧購入などの目的で横浜の街路を歩行中のロシア海軍少尉ロマン・モフェトらが日本刀で斬り付けられ二名が死亡、一名が負傷した。井伊大老は幕府の謝罪、神奈川奉行の罷免、被害者の葬儀と墓を建てることで事件を落着させた。さらに同年十月、やはり横浜でフランス領事館の清国人雇人が、洋服を着ていたので西洋人と誤認され殺された。年が明けた万延元年一月には、江戸でイギリス公使館の通訳伝吉が殺され、井伊大老は二百両の見舞金を贈った。そうこうするうちに、二カ月後の万延元年三月三日、今度は井伊自身が桜田門外で暗殺されてしまうのである。

井伊大老暗殺後、幕閣は久世広周と安藤信正の久世・安藤政権に代わったが、異人斬りはおさまらず、その年末の十二月五日夜、アメリカ通訳官ヒュースケンが、警護武士三名に護衛されアメリカ公使館のある麻布善福寺へ向かう途中、突然斬り付けられ落命した。

その後、攘夷派の異人斬りはますますエスカレートし、文久元年（一八六一年）五月二十八日、有賀半弥ら水戸浪士十四名がイギリス公使館の東禅寺へ斬り込み（東禅寺事件）、書記官オファントと長崎領事モリソンの二名が負傷し、警護武士約二十名が死傷した。有賀半弥らは水戸藩から脱藩した激派の一党である。

老中安藤信正は事件の頻発にほとほと手を焼いた。諸外国から強硬な抗議と来日外国人の安全確保の要求が突きつけられたが、異人斬りや外国公使館襲撃が続発し、幕府は駐日外交官の安全を保証できなくなったのである。

そして安藤信正自身も、文久二年（一八六二年）一月、水戸浪士平山兵介らに坂下門外で襲撃され負傷。安藤信正は背中に傷を受けたため「武士の恥」と誹られ、同年四月に老中を辞任した。

皇女和宮降嫁

紀州藩主徳川慶福は新将軍家茂になったとき十三歳で独身だったから、井伊大老にとって、家茂の嫁選びは重大な政治課題であり、井伊は皇女を御台所（将軍正夫人）に迎えたい、と考えていた。皇女降嫁の意図は、井伊の腹心長野義言と彦根藩士宇津木六之丞との間の手紙に、

「京都朝廷に公家諸法度を厳重に守らせるとともに、一面では宥和策として朝臣（公卿）に対し経済的援助を行い、公武合体の実を示すため」

と記されたように、あくまで幕府主導による公武合体であった。皇女降嫁の話は、長野義言と京都所司代酒井忠義と関白九条尚忠の間で進められた。

だが井伊が桜田門外で暗殺されると、公武合体策は公武一和すなわち、

「朝廷と幕府は互いに協調し、幕府は朝廷の意向を尊重する」

と、幕府が朝廷に一歩譲り膝を屈して政治的妥協を図るものとなった。

幕府からの度重なる和宮降嫁の要請に対し、孝明天皇は最初は消極的だった。そもそも和宮

は有栖川宮と婚約していたし、和宮自身も関東の気風を恐れ降嫁を拒絶していたからである。

　このとき孝明天皇の諮問を受けた侍従・右近衛権（うこのえごん）少将岩倉具視（ともみ）は、

「幕府の権威が地に墜ち、昔のような威力がないことは、井伊大老が白昼に暗殺されたことから明らかである。だからといって、朝廷の権力の回復を急ぐあまり武力を以て幕府と争うことは、国内の争乱を起こし外国の侵略を招くおそれがある。そこで名を捨て実を取ることが肝心である。公武合体を表面の理由として和宮降嫁を許可し、今後、外交問題や内政の大事は必ず（朝廷に）奏聞（そうもん）ののち施行するよう幕府に命じれば、結局、幕府が大政委任の名義を有していても、政治の実権は朝廷にあることになる」

　との意見をまとめ、結論として、

「幕府に通商条約破棄を命じ、幕府が了承するなら和宮降嫁を認めるべき」

　と答申した。岩倉具視の意見書をご覧になった孝明天皇は、

「念願とする攘夷が、和宮降嫁という公武一和によって、実現するかもしれない」

　と考え、和宮降嫁に積極的になられた。

　一方、幕府の方でも、万延元年（一八六〇年）七月、

「現在は外国と戦争を始めるときではないが、われわれは軍艦・銃砲の製造にあたっている。今後、七、八年後、ないし十カ年のうちには必ず外国と交渉して条約を破棄するか、戦争をして外国を打ち払う」

と、実現不可能で心にも無い攘夷の誓約を行った。

こうして井伊大老が日米通商条約を違勅調印したことから始まった朝廷と幕府の対立は、幕府が膝を屈する形で、ひとまず妥協が成立した。

和宮を賊と呼んだ西郷隆盛

和宮降嫁は、要するに政略結婚である。しかし普通の政略結婚とは「過去はともかく今後は仲良くやろう」と将来への希望を模索するものであって、岩倉具視のように「皇女を下げ渡すから攘夷を行え」などと交換条件を付けるのは聞いたことがない。これでは当の和宮にとっては「私の結婚って一体何なの？」ということになる。これでは政略結婚どころか人身御供に近いではないか？

しかし、結局、和宮としては周囲の降嫁への動きに抗する術もなく、兄孝明天皇に対し、

「天下泰平の為、まことに嫌々のこと、余儀なくお受け申し上げ候」

との手紙を送って縁談を受諾した。こうして運命を受容した和宮は、東下（とうか）の心を、

「惜しまじな、君と民との、ためならば、身は武蔵野の、露と消ゆとも」

との和歌に託したのである。和宮は文久元年（一八六一年）十月、婚儀のため京都を出発し、同年十一月、江戸に到着。将軍家茂との婚儀は、翌文久二年（一八六二年）二月、盛大に執り

行われた。

このときから時が流れて六年後……。

慶応四年（一八六八年）、幕府軍が鳥羽伏見戦争で負けて徳川慶喜は朝敵になり薩長西軍が江戸へ攻め寄せてきたとき、既に仏門に入り静寛院宮と称していた和宮は朝廷に対し、恭順・謹慎する徳川慶喜の助命嘆願を強く働きかけた。そして和宮は慶喜の助命を勝ち取る。

かつて関東下向を恐れたやんごとなき姫君は、時代の波に揉まれながら、「武家の棟梁の妻として」政治的にも逞しい女性に成長していたのである。

これに対して西郷隆盛は、大久保利通に対する慶応四年（一八六八年）二月二日付け手紙で、

「（慶喜は）切腹まで参り申さず候では相済まず。静寛院宮（和宮）と申してもやはり賊の一味となりて、退隠ぐらいにて相済み候ことと思しめされ候はば、致し方なく候につき、断然追討あらせられたきことと存じ奉り候」

と述べている。驚くべき言辞である。西郷は和宮を「賊の一味」といっている。また和宮を「追討すべき」ともいっている。天皇の妹君に対してなんという暴虐の言葉であろうか？　かつて和宮は、岩倉具視の策謀ともいうべき人身御供の犠牲となって東下した。それにもかかわらず和宮は健気（けなげ）にも自らの運命を悟り、自身の使命を見据えたのである。これに対し、己れの栄達への野望達成のためとはいえ、「静寛院宮と申してもやはり賊の一味」とはあまりの言い草でなかろうか？　尊皇倒幕を唱えた西郷や大久保に、そもそも「尊皇の心」などあったのだろう

か？

和宮は、こういう輩を相手として徳川慶喜の助命を勝ち取るのである。もしこのとき慶喜の助命が得られなかったならば、衰えたりといえども旗本八万騎や幕府陸海軍もただでは収まらなかっただろう。戊辰戦争は外国も介入した大規模な内戦となったかもしれないのだ。

通説では、江戸城無血開城は西郷隆盛と勝海舟が立役者であるかのように語られている。しかし、和宮の努力により徳川慶喜の助命が得られたからこそ、江戸城無血開城が可能になったのである。

明治の元勲となった西郷隆盛や、自己宣伝に終始する勝海舟によって、和宮の仲裁者としての政治的役割が消去され、「女ごときに何ができるか」とばかりに歴史の真実が隠蔽されたのは、誠に遺憾なことである……。

幕府は公武合体のもとで引き続き、開国路線を推進する。

幕府が苦し紛れに行った和宮降嫁という公武合体の最大の「眼目」は、幕府が朝廷に対し、

「今後、七、八年ないし十年以内に攘夷断行」

と誓約したことである。

この玉虫色の妥協は、表面から素直に読むと攘夷断行の誓約だが、裏返して読むと、

「当面、最低六年間は、朝廷から外国との交際を許可された」

ことになる。そこにトリックがあった。

幕府は、攘夷断行を猶予されたこの六年間に開国路線を定着させ、外国との交際を行い、西洋先進国の文明を吸収し、わが国近代化の基礎作りに邁進するのである。

そしてその六年後には、攘夷を唱える者は、最早、皆無になった。

その意味で公武合体の六年間とは、開国路線を既成事実にした期間だったといえる。

遣米使節団

和宮降嫁とともに井伊直弼の事績で忘れてならないのが、通商条約本書交換のため派遣された幕府最初の遣米使節団である。遣米使節には正使新見（しんみ）豊前守正興、副使村垣淡路守範正（のりまさ）、目付小栗忠順（ただまさ）（上野介）をはじめとする七十七名が任命された。

余談だが、この幕府使節団に仙台藩士の玉虫左太夫が混じっているのは奇異な感じがする。玉虫は仙台藩藩校養賢堂の逸材であり、江戸に出て林大学頭復斎（日米和親条約交渉責任者）に学び、外国奉行堀織部正（ほりおりべのしょう）に仕えて五カ月にわたり蝦夷地を調査し『入北記（にゅうほくき）』を著した人物である。この緻密で的確な報告を読んで感じ入った堀織部正と、玉虫の学才を評価した仙台藩養賢堂教授大槻磐渓（ばんけい）の強い推薦によって、玉虫は使節団の一員に加えられた。周囲の期待を一身に受け、陪臣でありながら幕府使節団の一員に加えられた玉虫は、選ばれた喜びを、

「有志は誰か陪扈（参加すること）を欲せざらんや。ただ人員限りあるを如何にせん。予は幸いにして新見使節に陪するを得る」（『渡米日録』）

と述べている。帰国後、渡米時の見聞を『渡米日録全八巻』にまとめ、さらに仙台藩藩校養賢堂指南統取に就任して日本の近代化に夢を馳せた玉虫左太夫は、その後、時代の荒波のなかで学才を惜しまれながら悲劇の生涯を終えることになる。

遣米使節団は、日米通商条約調印の二年後の万延元年（一八六〇年）一月二十二日、アメリカ軍艦ポーハタンにて横浜を出航した。井伊が桜田門外で暗殺される二カ月前のことである。

しかし何故、井伊はアメリカを最初の訪問国に選んだのだろうか？

幕府は安政五年（一八五八年）六月十九日に日米通商条約を調印し、その後、立て続けに七月十日に日蘭通商条約を、七月十一日に日露通商条約を、七月二十日に日英通商条約を、九月三日に日仏通商条約を調印した。ほぼ同時期である。だから条約本書交換のため海外渡航するなら渡航先はアメリカでなくてもよいはずだ。当時、これら諸国の国力は第一位イギリス、第二位フランス、第三位ロシアと推定されるから、常識的には世界最強国のイギリスか、古くからの友好国オランダに渡航するのが順当だ。それにもかかわらず井伊が幕府使節団の最初の渡航国にアメリカを選んだのは、「米・英・仏・露・蘭に対する全方位外交」ではなく「アメリカ主軸外交」を選択したといえる。

さて、遣米使節団を乗せた軍艦ポーハタンは石炭補給のため一旦ハワイに寄港した。この頃

のハワイはまだ独立国で、使節団は国王カメハメハ四世や王妃エンマと会見した。このときの夫妻の印象を副使村垣範正は、

「ご亭主はたすきがけなり、奥さんは大肌ぬぎて珍客に逢う」

とユーモラスに書き留め、ハワイ王朝への親しみを表わしている。

その後、サンフランシスコを経て首都ワシントンに入った使節団は、万延元年（一八六〇年）三月二十八日、狩衣烏帽子の正装で大統領ブキャナンと会見した。村垣範正はこの印象を、

「ブキャナン大統領は七十歳余りの老人で、白髪温和であり、威厳もある。アメリカ大統領は四年目毎に国中の入札（選挙）で定める由である。アメリカでは上下の別もなく、礼儀はまったく無いので、狩衣を着たのは無益なことであった。しかし新聞に今日の狩衣の様子が絵入りで報道されている。初めての外国への使いを果たしたのは男子に生まれた甲斐があったというものだ」

左から村垣範正、新見正興、小栗忠順

と書き、副使としての気負いを表明した。

また目付小栗上野介の従者福島恵三郎十九歳は、

「アメリカは新興国で人の気質は温和であり正直であるようだ。高官の者もみだりに下人を侮ったりしない。平民は高官にへつらうことなく、国は富み民は安らかに生活している。外国人を犬馬のように賤しいと考えて辱めるならば、彼から不仁不義の名を得

るであろう。彼に対して仁義の道で交わることが大切である。そうすれば彼も永く我を尊敬し、日本を奪おうなどとの志を絶つであろう」

と述べている。十九歳という若さでありながら福島の言葉はまさに慧眼といってよい。

槍持ちを先頭にチョンマゲ、二本差しで威儀を正して行進する幕府使節団をアメリカ側も大歓迎した。ニューヨークではブロードウェイを行進する使節団に対し、沿道には儀仗兵が並び日米両国旗が飾られた。日本の国旗は勿論、日の丸。日本人が国際社会に登場した初舞台においては日の丸は「日米親善の友好の証」だったのである。この有り様は『ニューヨーク絵入り新聞』に大々的に掲載されている。また五十万の人垣のなかにいた詩人ホイットマンは、「若き自由人よ、古きアジアを尊び、全文化の母に思いやりあれ、いつまでも。なぜなら今や君らは全きものとなったのだ」

との詩を『ニューヨーク・タイムズ』に発表して大歓迎の気持ちを表現した。そこに人種的偏見は微塵も感じられない。

咸臨丸の太平洋横断

井伊直弼は遣米使節団をアメリカ軍艦で渡航せしめると同時に、「別に日本の船を派遣してわれわれの技術を試そう」と幕府軍艦に出航を命じた。このとき幕府海軍は長崎海軍伝習所でオランダ海軍から航海技術を習い始めてまだ四年しか経っていなかった。派遣軍艦は咸臨丸。幕府がオランダから購入した木造スクーナー・コルベット艦で、百馬力、三百トンである。

提督となる軍艦奉行並木村喜毅（よしたけ）は、安政六年（一八五九年）十一月二十四日、江戸城桔梗の間にて井伊から渡米の発令を受け、軍艦奉行に昇進し摂津守に叙せられた。

艦長は軍艦操練所教授方頭取勝海舟。以下、士官、水夫等総員九十六名が乗り組むこととなった。

冬の北太平洋は北西季節風が荒れ狂う未知の荒海で、当時の長崎海軍伝習所のオランダ教官ですら誰一人として冬の北太平洋航海の経験はなかった。

当時、日本に来るアメリカ軍艦のほとんどがアフリカ南端・喜望峰経由の、時間はかかるが安全なコースを選んでいた。ちなみに、アメリカ軍艦ポーハタンも喜望峰経由で来日し、帰りもまた喜望峰経由で帰国する予定だったが、井伊の強い希望により太平洋をハワイ経由で横断することとなったのである。

一方、幕府軍艦咸臨丸は、低気圧が多発し北西季節風が荒れ狂う冬の北太平洋の北緯三十七度から四十三度付近の大圏コースを、

「ハワイにも寄港せず……」

アメリカ西海岸まで一気に横断しようというのである。まさに冒険といってよい。

しかしこの冒険航海には、深い意味があった。

「帆船の時代」から「蒸気船の時代」に変わりつつあったこの当時、丸い地球を最短距離で航海する大圏コースなら、燃料の石炭消費量を最少にすることができる。そうなれば船体の最大積載量が増加するし、中間地点のハワイに寄港しない分、航海日数を短縮化することができる。だから北太平洋の大圏コースで、最も気象条件の悪い冬場に航海が可能なら、将来の太平洋航路開発に大きな弾みがつく訳だ。こう考えると、遭難・沈没の危険を冒してまで咸臨丸に破天荒な冒険航海を命じた井伊の「剛直で果断な性格」と将来の太平洋航路の時代を見据えた「先見性」がうかがわれる。

日米通商条約を求めるアメリカ総領事ハリスに散々圧力をかけられた井伊には、大西洋・喜望峰・インド洋経由の安全コースで日本へ来て開国を迫ったペリー提督の向こうを張って、咸臨丸にペリー提督も避けた冬の北太平洋を横断させる、という強い対抗心があったのである。

ただ、咸臨丸にはアメリカ海軍ブルーク大尉以下十名のアメリカ人船員が同乗した。

ブルーク大尉はアメリカ測量艦クーパー号の艦長で、太平洋航路開発のため日本からベーリング海まで航海して深海測量を行っていたが、嵐で同艦が難破したため横浜で帰国の便船を待っているところだった。ブルーク大尉は十五歳で海軍に入った、当時三十三歳の熟達した船乗りで、アメリカ海軍随一の航路開発の専門家だった。幕府は当初、咸臨丸ではなく観光丸を派遣軍艦に選定していたのだが、「オランダ製外輪船の観光丸では北太平洋横断は不可能」と指摘したのが、実はこのブルーク大尉なのである。

万延元年（一八六〇年）一月十九日、咸臨丸はサンフランシスコへ向け浦賀を出帆した。しかし出帆早々、帆が裂けるほどの西風にあおられ、暴風雨と山のような波浪に翻弄される。このときに活躍したのがブルーク大尉が連れてきた測量艦クーパー号の五人のベテラン水兵だった。彼らは真っ暗闇の荒海でも平気でマストに登り、風向きや波のうねりを見て舵を取った。彼らがいなかったら咸臨丸の太平洋横断は失敗したかもしれない。軍艦奉行木村摂津守はブルーク大尉を「人物極めて温良にして航海の術に達せり」と評しているが、まさにブルーク大尉はナイス・ガイだった。航海中は、実力も無いのに「独力で航海したい」と気負う日本人士官と、ブルーク大尉たちの間に、随分な軋轢があったという。しかし咸臨丸が太平洋を横断し、アメリカ上陸を果たしたあと、ブルーク大尉は母国のアメリカ人記者たちに、「彼ら日本人は独力で太平洋を横断した知恵と勇気ある人々だ」と紹介した。航海終了後、木村摂津守がブルーク大尉の指導に感謝して謝礼金を渡そうとしたところ、ブルーク大尉は「咸臨丸の航海が成功し、あなた方勇気ある日本人のお手伝いができただけで充分満足です」と微笑んで丁重に断った。事実は小説より奇なり、という。『咸臨丸物語』を勝海舟の自己宣伝など一切の作為なく完全に再現したら、勇気と友情の素晴らしい海洋冒険映画ができるだろう。

木村摂津守と福沢諭吉

咸臨丸の出発前、軍艦奉行の大役を仰せつかった木村摂津守喜毅はその準備に忙殺されるなかで、ある問題に直面した。

木村は、

「西洋諸国にては軍艦に一定の規則ありて乗組士官をはじめそれぞれ相当の位階俸禄を付与し、平日よりの準備至極行き届きたるに、我邦は創立日猶浅く、乗組士官も一定の人員なく、わずかに十口或いは五、七口の俸米を給するのみ。此輩をして万里の波濤を生命を賭するの航海をなさしめんとす。至難のことにあらずと云わんや」

と書いている。乗組士官や水夫への俸給が不充分なのである。乗組士官や水夫への出張旅費も危険手当も幕府から満足に支給されなかったからだ。無い無い尽くしで太平洋の荒波に船出するのである。

乗組士官や水夫の間には「あまりに少ない俸給に対する不満」があった。

乗組員にこのような不満があっては、命がけの航海はできない。

結局、木村は自分で三千両の資金を工面し、乗組士官や水夫へ与えた。

当時、「百両あればそこそこの土地付き屋敷が買えた」というから三千両といえば相当な金額である。

木村は譜代の旗本で浜御殿奉行の家柄だった。浜御殿とは今の浜離宮恩賜庭園である。浜御殿には将軍が「お成り」になったから、将軍を応接する浜御殿奉行は格式の高い役目ではあった。しかし家禄はわずか二百俵である。裕福とはいい難い。勿論、木村は、井伊大老から「アメリカ国へ御用のため差し遣わされ候」との辞令を受けると同時に軍艦奉行・摂津守・従五位下となり二千俵扶持になったから収入は増加した。しかしそれでも全然足らなかった。そこで木村は先祖伝来の南北朝時代からの銘刀や書画、骨董など家宝を売却して渡航費用を捻出したのだ。

このように渡航準備に忙しいある日、木村のもとへ見知らぬ若者が訪ねてきた。この若者はいきなり「ぜひ、自分をアメリカに連れていってほしい」と不躾（ぶしつけ）な願いを口にする。

それが、福沢諭吉だった。

木村はこの時期極めて忙しかった。いかに無事に太平洋を横断するか、その段取りをしなければならない。勝海舟は「外国人の手を借りず、日本人だけで太平洋を横断しよう」と気負っている。だが、もし難破・沈没して渡航に失敗すれば日本海軍のデビューは出端（ではな）を挫（くじ）かれてしまう。従ってどんな失敗も許されない。木村は老中を通じてアメリカ公使ハリスに案内者を依頼し、ブルーク大尉の紹介を受け、さらに艦長勝海舟や他の日本人乗組士官にブルーク大尉の同乗を説得する、といった骨の折れる仕事に追われていた。また木村は乗組員を十人削減するリストラにも取り組んでいた。わずか百馬力、三百トンの咸臨丸である。乗組員が多過ぎて水や食料や積載荷物が過大になっていたのだ。木村はその事情を、

「咸臨丸は僅かに三百屯ばかりの小船にて、乗組は百余人にして、其等の手荷物さえ積み切れ

ぬ程なり」

と記し、日本人水夫ら十人を下船させたところだった。

そこに福沢諭吉が「自分も乗せてほしい」と申し込んできたのである。

福沢は中津藩士であって幕臣ではない。要するに木村とは縁もゆかりも無い。福沢は「自分は向学心のある勉強家だ」と力説したが、証明するものは何も無い。見ず知らずの福沢を乗せるくらいなら、屈強な水夫を残した方が嵐のときに役に立つ……。凡人なら、そう考えるところだ。しかし木村は違った。彼は初対面の福沢の渡航の願いを快諾した。福沢は、

「これはすなわち木村軍艦奉行知遇の賜（たまもの）にして、終生忘るべからざる所のものなり」（『三十年史』）

と感謝している。

こうして福沢諭吉や中浜万次郎らを乗せて浦賀を出帆した咸臨丸は渡航三十七日にして米西海岸のサンフランシスコに到着し、一行はアメリカ市民から大歓迎され、港には老若男女が太平洋を横断した船をひと目見ようと詰めかけた。そこで木村は咸臨丸を市民に開放したが、日本のしきたりで女性は乗艦させなかった。現地の新聞は、

「アメリカにおける女性の地位を日本人に理解させるのは困難である」

と論評している。

しかしそれでも、勇敢なアメリカ女性は男装して咸臨丸に乗り込んできた。そして男装のア

メリカ女性が艦内の見学を終えて下船するとき、木村は彼（彼女）らに乗船記念のプレゼントを渡した。そのプレゼントの中身は「簪（かんざし）」だった。

「女性の乗艦は認めないが、男装の女性なら認める」

という柔らかさが「木村流」だった。

長く険しい日米外交史において、このような良好な時期もあったのである。

アメリカ海軍に惚れ込んだ咸臨丸艦長勝海舟は帰国後、長男の小鹿（ころく）をアナポリス海軍兵学校へ留学させた。その後、日本に戻った勝小鹿は明治海軍に奉職したが若くして病没し、明治海軍内に親アメリカ派を形成するには至らなかった。また木村の三男駿吉（しゅんきち）はハーバード大学、エール大学の大学院で電気工学を学び、帰国後、旧制第二高等学校（現東北大学）教授となり、さらに海軍無線電信調査委員となって「船舶用三六式無線電信機」を発明した。

時は明治三十八年（一九〇五年）五月二十七日早朝、哨戒船信濃丸から旗艦三笠へこの無線機による「敵艦見ゆ」との電信が入り、連合艦隊は直ちに対馬沖に出動、ロシアのバルチック艦隊を全滅させる。

この日本海海戦後、参謀秋山真之（さねゆき）は木村駿吉に対し、

「日本海海戦の大捷は天佑神助によると雖も、兵器の効能もまた頗る著しく、なかんずく無線電信器の武功抜群なりしについては小生深く貴下に感謝するところに御座候。『敵艦見ゆ』との電信を感受したる吾々の歓喜たとうるものなく。吾々司令部員が用いし武器は無線電信と鉛

筆とコンパスにて、貴下に深厚なる謝意を表する所以(ゆえん)に御座候」と述べ、東郷平八郎連合艦隊司令長官名で感状を贈っている。

木村摂津守や勝海舟など咸臨丸一行が万延元年（一八六〇年）五月に帰国し、また新見正興、村垣範正、小栗上野介らの遣米使節団が同年九月に帰国すると、幕府では親アメリカ色が一段と強くなっていく。

航海遠略策

福沢諭吉とアメリカ少女

アメリカから使節団が帰国すると、「バテレンを日本では悪しきことのようにいっているが決して左様にてはなし」とか「福沢諭吉はアメリカ少女と写真を撮ったそうだ」とか「立石斧次郎はアメリカ女性に追い回され人気者になり、彼を讃える歌まで作られたそうだ」などと土産話に花が咲き、購入した数百冊の洋書は早速、翻訳方に渡された。

こうした幕府の動きを見た長州藩は、藩内で知弁第一といわれた長井雅楽を直目付に取り立て、幕府を支えるとともに朝廷に開国を薦め、幕府と朝廷の間に立って存在感を

高めようとし、文久元年（一八六一年）三月に長井が上梓した『航海遠略策』を藩是として採用した。航海遠略策の内容は、

「京都・関東とも是迄の御凝滞丸々御氷解遊ばされ、改めて急速航海御開き、武威海外に振るい、征夷の御職相立ち候様にと厳勅関東へ仰せ出され候はば、国是遠略天朝に出て幕府奉じて之を行い、君臣の位次正しく、忽ち海内一和仕り候て、軍艦富み士気振起仕候はば、皇国を以て五大州を圧倒仕り候事」

というもので、要するに、

「朝廷と幕府はこれまでの対立を和解して協調し、朝廷から幕府に『航海を開き武威を海外に振るうように』と命令すれば、朝廷が幕府の上位者であるという上下関係がハッキリするし、国民が一致団結して海外展開するので、わが国は富国となり海軍力も強化され国民精神も高まって列強を圧倒するようになる」

という意見である（当時は列強を圧倒するなどまったくの夢物語だったが、明治三十八年、この所説のとおり日本は列強の一角ロシアを屈服させる）。

長井雅楽の航海遠略策は、公武合体と開国方針を結合させた議論であり、しかも、

「朝廷が、幕府に、開国を命令すべき」

とした点が画期的だった。朝廷から幕府に「開国せよ！」との厳命が下るなら、既に開国方針を決めている幕府にとって、「渡りに舟」であり、「願ったり、叶ったり」である。

さらに攘夷に凝（こ）り固まっておられた孝明天皇も、長井雅楽の航海遠略策を歓迎された。

孝明天皇はこれまで、

「開国すれば外国人が国内を闊歩し、わが国の文化や伝統が破壊される」

と開国の悪い面ばかりが気になって攘夷にこだわっておられたのだが、長井雅楽の、

「開国によりわが国は富国になり、列強を圧倒するようになる」

との経済大国論ともいうべき気宇壮大さに眩惑され、開国には良い面もあることにも気づかれて鬱気（うつき）が晴れたのである。孝明天皇に、開国の良い面を納得させた長井雅楽の功績は、幕末外交史上、特筆すべきものである。

また公卿衆も、「朝廷が幕府に開国方針の厳命を下す」というところに政治参加の匂いを嗅ぎ取って長井の説を歓迎した。この時期の長州藩は、公武合体による開国論を唱えた長井雅楽の活躍により、朝廷と幕府の間を周旋する立場にあったのである。

アメリカ南北戦争と対馬事件

幕府内は遣米使節団が帰国して親米色に染まり、朝廷と幕府の間は公武合体の宥和状態にあり、国内政局が落ち着きを見せ始めたとき、突如、外交上の難問が発生した。

対馬事件である。花に嵐のたとえ、とはこのことだろう。

ロシア軍艦ポサドニックが、文久元年（一八六一年）三月四日、対馬の芋崎浦に進入して錨を下ろし、乗組員が勝手に上陸して木を切り、井戸を掘り、兵舎を建設して永住施設を整えたうえで、艦長ビリレフが対馬藩に「借地と対馬藩主との面会」を要求したのである。対馬藩には、この無理な要求に対し、ロシア軍艦を退去させる軍事力はなかった。

四月十二日には、安五郎という農民がロシア水兵たちが大船越村へ上陸しようとし、現地住民はこれを押し止めようとして、ロシア水兵に狙撃され即死、村民二人が生け捕りにされた。島民はいきり立ち、郷士たちが島民を指導し、ロシア水兵と睨み合いとなった。

対馬藩の若い藩士たちもこれに同調して藩庁の指図を待たずに討ち取ろうとし、筑前にある対馬藩領の者三百人も応援に来て大騒ぎとなった。

対馬藩主宗義和は島民に、

「彼の方から殺害事件を起こしたのだから、是非とも討ち取らずにおけない事態となったので決戦を覚悟している。しかし一応、幕府に早便でこれを知らせた。宗家の存するか亡びるか、ここに決するから、命を投げ棄て宗氏の家名を汚さぬよう忠義を尽くすように」

と告げた。一方、ロシア側は対馬藩に対し芋崎付近を永久に租借させるよう迫り、一触即発の事態となった。これが対馬事件の概要である。

対馬が古来より日本領土であることは疑うべくもない。それなのに、何故、いきなり「対馬を武力占領」という乱暴な事件が発生したのか？

実は、欧米列強は対馬の地政学上の重要性に注目していた。対馬は東シナ海から日本海への東西の航路の中間にあり、また日本列島と朝鮮半島を繋ぐ南北の中継点にある海上交通の重要拠点である。

だから当時、箱館に駐在していたイギリス領事ホジソンは、

「われわれが急いでしなければならないことは、対馬を占領してイギリス領とすることである。この島は左右に艦隊の通航路をもち、良港、良材に富んでいて、満州人民と絹布(けんぷ)生産地である支那とを連絡する小橋梁である」

と力説していた。またアメリカ公使プリューインはイギリス等の対馬に関する野心を見て、

「対馬を香港やシンガポールのような国際自由港にすべきである」

と考えた。こうしたなか「英仏が共同して対馬を武力占領する」との噂が流れ、後手を踏むことを恐れたロシアが先手を打って対馬の武力占領を企てたのである。

ロシアが恐れたように、イギリスやフランスが対馬を占領すれば、ロシアは日本海の域内に封じ込められてしまう。そうなるとウラジオストクを拠点として南方へ進出したいロシアは対馬より南の東シナ海に出ることができず、中国市場、東南アジア市場へのアクセスが阻止される。こうした事態はロシアにとって耐え難いことだった。

既にイギリスはインド、ビルマ、シンガポール、香港、上海を押さえ、さらに北上の構えを見せている。事あるごとにイギリスの東進政策と対立してきたロシア指導部は、

「イギリスの後塵を拝し指をくわえて見ているうちに、北方へ封じ込められ、ウラジオストクを拠点として南方へ進出することを阻まれようとしている」

との焦燥感を抱いて、

「イギリスやフランスに先手を打って対馬を確保しよう」

と、軍艦ポサドニックを対馬へ派遣したのである。

対馬事件という乱暴な事件が発生したのは、アメリカ南北戦争の発生で、国際政治のバランス・オブ・パワーが崩れたからでもある。

思えば幕府使節団がアメリカ大統領ブキャナンに謁見した万延元年（一八六〇年）三月当時のアメリカは、「古き良き時代の最終章」だった。アメリカが米墨戦争勝利によりカリフォルニアを獲得した一八四八年（嘉永元年）、カリフォルニアで砂金が見つかり、その後、西部各地で金鉱が発見され、アメリカはゴールド・ラッシュに沸いた。

しかし当時、アメリでは奴隷問題という鋭い対立が生じていた。

ゴールド・ラッシュに沸くカリフォルニアは奴隷制度のない自由州を希望したが、米墨戦争を戦ってカリフォルニアを勝ち獲った南部諸州は、

「自分たちが血を流して勝ち獲ったカリフォルニアでは、プランテーションを行いたい。大規模農場には労働集約的作業が必要なので、カリフォルニアは奴隷州にしたい」

と考えた。

結局、カリフォルニアは一八五〇年に奴隷制度を認めない自由州として連邦に加入したが、奴隷制度の是非を巡って、アメリカ政局は大きく揺れ動いたのである。

幕府使節団が日本へ帰国した一八六〇年の十一月に奴隷廃止論者のリンカーンが第十六代大統領に当選すると、アメリカの政局は一気に激動した。

リンカーンの大統領当選を不満としたサウス・カロライナ、ミシシッピ、フロリダ、アラバマ、ジョージア、ルイジアナ、テキサスの七州は合衆国から分離して一八六一年（文久元年）二月八日にアメリカ連合国を建国し、大統領にジェファーソン・デヴィスを選出。

アメリカは南北二つの国に分裂してしまったのである。

そして南軍＝アメリカ連合国は一八六一年四月十二日、南部諸州の一つサウス・カロライナ州内にあったアメリカ合衆国サムター要塞を砲撃し、北軍のアンダーソン少佐を降伏させた。

これが南北戦争の始まりだった。

北部は人口二千二百万人、南部は人口九百五十万人で、工業力は北部が全米の八十一％、南部が十九％だった。経済力から見ると、北軍の方が圧倒的に有利だ。しかし南部は尚武の気風に溢れ、ウェスト・ポイント陸軍士官学校やアナポリス海軍兵学校へ進学する者も多く、将軍、将校、兵士とも戦巧者が揃っていた。また開戦と同時に、アメリカ合衆国の将校の四分の一は辞職して南軍に身を投じた。

南北戦争の発生で幕府の最大の友好国だったアメリカは国際政治の舞台から退場した。

このつい三年前、井伊大老に通商条約締結を迫ったアメリカ総領事ハリスは、

「日本が英仏露に先駆けてアメリカと通商条約を締結すれば、英仏露等の列強が日本に侵略行為を行っても、アメリカは日本のために、断固、阻止する」

と吹き込み、井伊はそれを真に受けてその気になった。

ところがふたを開けてみたら、アメリカでは南北戦争が始まり、幕府の面倒を見るどころではなくなったのである。

井伊が定めたアメリカ主軸の外交基本原則は、こうして破綻した。

幕府は途方に暮れた。

かつて黒船を率いて日本人を散々脅しあげ、えらく威勢の良かったペリーは、既に一八五八年（安政五年）、心筋梗塞でこの世を去っていた。ペリーは生前、手記に、

「日本は最も若い妹である。年長の国々は親切にその手を取り、その覚つかない足取りを助け、自力でしっかりと歩くことができるような気力に達成せしめよ」（『日本遠征記』）

と大仰に豪語していたが、そのアメリカ自身が国際政治から見事に脱落したのである。

対馬事件への対応に苦慮した老中安藤信正はやむなくアメリカの代わりにイギリスを頼り、イギリス公使オールコックにロシア艦退去交渉の支援を依頼した。

イギリスとしても、極東においてロシア海軍が強化され跳梁することは、イギリスの活動が

制約されることとなるから、安藤の要望を受け入れた。事件が発生した年の七月、イギリス東洋艦隊司令官ホープが軍艦二隻を率いて対馬へ赴き、軍艦ポサドニックの艦長ビリレフに強硬な抗議を行うと、文久元年八月十五日（一八六一年九月十九日）、ロシア軍艦ポサドニックは対馬から退去していった。こうして対馬事件は一応の解決を見た。

当時、ロシアの南下政策とイギリスの東進政策は、世界各地で衝突していた。そこで安藤は、イギリスの力を借りてロシア軍艦を退去させたのである。これこそ安藤信正の聡明さを示すものである。これについて勝海舟は、

「彼をもって彼を制す。もし日本が正面から単独でロシアへ談判したら、談判は調わず、対馬はロシアの占領地になっていた」（『氷川清話』）

と回顧している。

ロシア軍艦が退去した一八六一年九月（文久元年八月）頃、アメリカ南北戦争は緒戦の段階だった。

世界の覇者イギリスは、南軍の勝利を願った。工業国であるイギリスは、綿花等農作物原料輸入相手先であり工業製品輸出相手先である自由貿易主義の南部諸州に好意を抱き、工業化が進み商売仇となっていた保護貿易主義の北部諸州を嫌ったのである。

「イギリスが南軍を支援する」となれば、南北戦争の帰趨は誰にも予測できなくなる。

そこで北軍は、イギリスの南軍支援を阻止すべく、全海軍を動員して南部諸州を海上封鎖した。これにより、やがて戦況は経済力に優れた北軍が有利になる。

北軍は一八六一年（文久元年）十一月、南部からヨーロッパへ向かうイギリス商船トレント号に停船を命じ、南軍の外交代表二名を捕らえてボストンへ連行した。

すると米英関係はにわかに緊迫化した。

アメリカが南北戦争により国際政治から脱落し、しかも米英関係が悪化した国際情勢は、アメリカ主軸外交を選んだ幕府の外交方針に深刻な打撃を与えた。

幕府は、イギリスの支援で対馬事件を解決して目先の問題は解消したが、アメリカの内戦が深刻化し米英関係が悪化してきた以上、幕府としても外交方針を抜本的に立て直さねばならない。

アメリカを頼れないなら、幕府はイギリスを頼るしかない。

ロンドン覚書

一方、イギリスは、対日外交において、アメリカに遅れを取っていた。

イギリスが清国問題に係わっている間に、アメリカはペリー艦隊を送り込み、イギリス・ロシア・オランダに先駆けて日米和親条約を結んでしまった。さらにイギリスがアロー号事件で清国と事を構えている間に、アメリカ総領事ハリスが日米通商条約を結んだ。

井伊大老はアメリカを最重要視して遣米使節を送り、幕府は親アメリカ色に染まっている。

この状況を眺めていたイギリス総領事オールコックは老練で優れた外交官だった。

アメリカが南北戦争により国際外交の舞台から去り、イギリスが対馬事件を解決して実力を見せつけると、オールコックは活発に動き出し、幕府外交当局者に、

「頼りになるのは、アメリカでなくイギリス」

と強くアピールして、幕府首脳部の目をイギリスへ向けさせることに成功する。

オールコックは、アメリカが幕府に強要した通商条約の内容を緩和してイギリスの度量を見せ、幕府に恩を売って対日外交の主導権をアメリカから奪還しようとした。

それがいわゆる「飴玉外交」であり「太陽外交」であり、こっちの水は甘いぞ、という「蛍狩り外交」である。

具体的には、

「江戸、大坂の開市（かいし）と兵庫開港の時期を延期させて通商条約の条件を緩和する交渉」であった。日本にブラフ外交を仕掛けたアメリカに対するあてつけとして、甘味剤を投与したのだ。

幕府にとっては美味しい話だった。

オールコックは、この目的のため、幕府遣欧使節団を受け入れた。

これは安藤・久世政権にとって好都合だった。和宮降嫁の条件として朝廷に、

「戦争による攘夷断行」

と、心にもない絵空事を誓約した幕府としては、遣欧使節団が交渉により通商条約の条件緩和という外交的成果を実現すれば、兵庫開港に絶対反対の朝廷に、

「交渉により開港を延期させた」

と報告することができて、朝廷に対して顔が立つ。

こうして幕府がイギリスを仰ぎ見るようになったのだから、イギリス外交の大勝利である。このとき以降、対日外交の主導権は、ハリスらアメリカ外交官から、オールコックらイギリス外交官の手に移っていく。

幕府遣欧使節団は正使勘定奉行兼外国奉行竹内保徳(やすのり)のほか福沢諭吉、福地源一郎ら三十六名。彼らは、ロシア軍艦が対馬から退去した半年後の文久二年(一八六二年)一月に長崎を出帆しスエズ、パリを経てロンドンに入り、文久二年五月九日(一八六二年六月六日)、イギリス外相ラッセルとの間で、ロンドン覚書を調印し、兵庫開港と大坂開市を五年間延期させることに成功した。

ロンドン覚書は、

「日本国内に外国との交際を害せる一党あり。その逆意のため大君は条約を結びし外国との交

誼を保護し難しと思へば、これを女王の政府（イギリス）へ使節より報告したり。女王の政府はこの報告を熟考し……」

とした上で、

「江戸開市の当初期限一八六二年一月一日（文久元年十二月二日）及び兵庫開港・大坂開市の当初期限一八六三年一月一日（文久二年十一月十二日）を、一八六八年一月一日（慶応三年十二月七日）まで延期」

することとした。ロンドン覚書は、さらに、

「英国政府は日本の執政（将軍）に、現今その国に在る逆意の者を鎮むるため要せる時限を得せしめんがため、条約上の当然の理を枉（ま）げて、この大事を容允（よういん）（容認）せんと思えり」

と、しっかり恩を着せた。

イギリス外相ラッセルは、この合意文をフランス・オランダ・ロシア・プロシャ・ポルトガルへ送り、各国も同調するよう通告し、各国はラッセル外相の通告を受容した。

イギリスは幕府に「列強のリーダーはイギリスである」ことを思い知らせたのである。

オールコックは遣欧使節団の目的を外交交渉だけにはしなかった。オールコックは一行に、国会議事堂、造幣局、大英博物館、海軍工廠（こうしょう）、軍港、練兵場、銃器工場、電信会社、造船所、炭坑、病院、学校、公園、動物園などを見学させた。まるで「青い目の先生が生徒を引率して社会科実習見学を行った」といった雰囲気だ。オールコックの親切といってよいだろう。

しかし何か「盛り上がり」に欠ける。イギリスの詩人が幕府使節団を歓迎して作詩したとか、使節団員がイギリス少女と写真を撮ったとか、使節の誰かがイギリス贔屓（びいき）になったといった逸話が見当たらない。使節団の帰国後、幕府内が親イギリス的雰囲気になったという形跡もない。

一八六二年（文久二年）五月八日付け『ロンドン・タイムズ』の報道も、

「（使節を迎えた）わが群衆の態度は静かであり、日本使節団の態度も冷静かつ万事控えめで……」

という素っ気ないものである。どうしても日英間に友好的気分が盛り上がった様子はうかがわれない。肩を叩き合って胸襟を開く、といった素朴な共感が無い。カリフォルニアの明るい陽光と、ロンドンの雨と霧の陰鬱な天候の違いだろうか？　陽気なアメリカ人と謹厳なイギリス紳士の国民性の違いだろうか？

イギリスとしては、対馬事件を解決し通商条約を緩和して幕府に恩を売ったのだ。

幕府遣欧使節団としては、イギリスの善意により、通商条約の条件緩和という多大な外交的成果を挙げたのだ。

それでも両者の間に心的交流が生じなかったのである。

外交には利害得失のプラグマティズム（実用主義）だけでなく、温かい心の交流も必要なようである。一行が帰国すると、幕府とイギリスの外交関係はギクシャクしたものとなっていく。

たからだ。

真木和泉のテロリズム

文久二年（一八六二年）四月に安藤信正は老中を辞任したが、この頃から京都情勢が騒然としてきた。京都に全国から先鋭的な攘夷倒幕論者が集まり、京都は急進的攘夷派の拠点となったからだ。

急進的攘夷派の思想的リーダーが久留米水天宮第二十二代神主真木和泉である。

真木は、その急進的思想を危険視した久留米藩によって幽閉されていたが、幽居十一年後、

「やがて世の、春に匂わん、梅の花、かた山里の、一重なりとも」

との一首を詠じて出奔し、京都に入った。真木は、妻への手紙に、

「昔よりはかりごと婦人に及ばずと申し候て、人の戒めることにて御座候えども、そなたはわしが妻にて、前かたよりひそひそわしがする事は御察しの事。そのうえ侍の娘にて、この様な事は良くわきまえられ、安心のためあらまし申し入れ候……。夷(えみし)どもの国になり候わば生きて甲斐なく、わしの一族は皆々死ぬよりほかの事は御座なく……」

としたため、純真・素朴で思い詰めた攘夷の心情と妻への愛惜を吐露している。真木のこのように思い詰めた情念は、安政六年（一八五九年）頃、『大夢記(だいむき)』という著述にまとめられたが、その主張は、

「徳川家は甲斐・駿河二国の領主となって引きこもり、政権を朝廷に返納して天皇が自ら政治

を行うべきである」

すなわち「尊皇倒幕」の思想となって結実した。やがて真木の周囲に、薩摩藩士有馬新七、筑前藩士平野国臣（くにおみ）、長州藩士久坂玄瑞らが集まり、クーデターの謀議を重ねるようになった。

それにしても五十一歳の老成した人物である真木和泉は、何故、このような大それたことを企てるようになったのか？　その真情を理解するには「源平の時代」にまで遡らなければならない。

寿永四年（一一八五年）の春、「平家にあらずんば人にあらず」とまで栄華を誇った平家一門は、勢いに乗じた源氏に攻めたてられて関門海峡の壇ノ浦まで追い詰められ、安徳（あんとく）天皇を擁して最後の一戦に及んだが、力戦空しく、能登守教経（のりつね）ら勇将も数多（あまた）討たれ、総崩れとなった。

「最早これまで」

と覚悟を決めた二位の尼（安徳天皇の祖母）が、八歳の安徳天皇を抱き上げて船ばたに歩み出ると、安徳天皇は途方に暮れた様子で、

「何処（いずく）に行くのじゃ」

と尋ねられた。二位の尼は涙を押さえて、

「君は前世の行い正しく、万乗の天子としてお生まれ遊ばされましたが、今や御運が尽きさせたもうたのでございます」

と申し上げた。うなずかれた安徳天皇が小さなお手を合わせて東方の伊勢神宮においとま申

し上げ、西方を向いて念仏をお唱えになると、二位の尼は安徳天皇を抱いて、

「海の底にも美しい都がございます」

とお慰め申し上げ、三種の神器とともに、関門海峡の激流に身を投じた。

これを見た按察使（あぜち）の局（伊勢）は、斬られた兵士の血汐や波間に漂う平家の赤旗で朱に染まった血腥い（ちなまぐさい）戦場の海峡を離脱し、厳しい落人狩りのなかをかいくぐって九州を西へ逃れ筑後川のほとり久留米に至り、その地に小さな祠（ほこら）を作り、身分を隠して密かに安徳天皇の菩提を弔った。

やがて、この忠義に感動した豪族の真木家が社殿を造営し、代々、自ら神主を務めるようになると次第に尊崇する人々が多くなり、社はいつしか水天宮と呼ばれるようになる。

時代が下って第二十二代神主になった真木和泉は、尊皇の念黙（もだ）し難く、行動主義に身を投じることとなったのである。真木和泉の眼から見れば、安徳天皇を弑（しい）し奉った源頼朝も、源氏の流れを汲んで室町幕府を建てた足利尊氏も、源氏を自称した徳川家康も、皆逆賊に思えたのだ。

安政の大獄に触発された真木和泉の倒幕論は、文久年間になるとますます先鋭化し、薩摩藩士有馬新七らと語らい、「手始めに関白九条尚忠と京都所司代酒井忠義を血祭りに上げる」との「テロリズム」までに昂じた。

天誅の猛威

前述のとおり、通商条約調印に激怒された孝明天皇が、幕府に協力的な関白九条尚忠を疎んじ遠ざけると、京都では尊皇攘夷派の力が急速に強くなり、これまで幕府に協力的だった人々（佐幕派）への風当たりが強くなり、京都は急進的攘夷論の坩堝（るつぼ）と化した。

かくて青蓮院宮や鷹司輔熙らから排斥運動を受けた九条尚忠は文久二年（一八六二年）六月に関白を辞職。閏八月には落飾・謹慎の身となり、九月には出家して閉居する羽目に陥った。

九条尚忠が孝明天皇から疎まれたとの噂が広がると、京都町衆の九条家を見る目は険しいものとなる。心変わりは人の世の常。そこにつけ込んだのがテロリストたちである。まず九条尚忠の家臣たちが最初の天誅の標的となり、家令の島田左近が文久二年七月、薩摩藩士田中新兵衛らに殺害され、首級が四条河原に晒された。

また、和宮降嫁を推進した公卿たちも攘夷派から脅迫された。岩倉具視、千種（ちぐさ）有文、富小路敬直（ひろなお）、久我建通（たけみち）及び女官今城重子（しげこ）、堀河紀子（もとこ）は、急進的な朝臣らから四奸二嬪（しかんにひん）と弾劾され、八月には官を辞して頭をまるめ、京都郊外に住む身となった。とくに意見書を提出して和宮降嫁を推進した岩倉具視は身の危険を感じ、洛北の岩倉村に身を潜めた。

天誅の嵐はさらに吹き荒れ、翌月の閏八月には、九条尚忠の家臣宇郷重国（うごうしげくに）が暗殺され、首級は松原河原に晒された。またこの月、安政の大獄の際に幕府下級役人として探索に暗躍した目明かし文吉が土佐勤王党の手で絞殺され、屍は三条河原に晒された。

これを契機に、京坂地方の両替商や貿易商や富家に、貼り紙や投文により「天誅を加える」との脅迫が行われるようになった。これらの脅迫者について、公卿の中山忠能（明治天皇の祖父）は、

「彼ら尊攘派は薩長藩士ではなく、浮浪烏合の者で、勤王問屋といわれている。勤王を名として今日を暮らしている」

と書いて嘆いている。

このようについには富家に押し入る強盗までが勤皇を唱える始末となり、偽勤皇の出現により、京坂一帯に不気味な妖気がただよい、人々を震え上がらせたのである。

テロの嵐

かかる京都の騒擾を押さえ治安を護るのは、本来、京都所司代の役目である。

しかしここまで混乱した京都の騒擾は、京都所司代酒井忠義（小浜藩主十万石）の管理限界をはるかに超えた。むしろ酒井忠義自身が、薩摩の有馬新七や真木和泉らから攘夷倒幕の血祭りの暗殺対象として生命を狙われていた。

身の危険を感じた酒井忠義は、京都所司代屋敷を出て、二条城へ逃げ込んでしまった。堀に

囲まれ、警備も厳重な二条城なら、身の安全を図れるからだ。

だが幕府職制上、京都や西日本の頂点に立つ京都所司代がこの有り様では、とても威令は行われない。治安維持など及ぶべくもない、困った次第となった。少禄の譜代大名を要職に配する幕府官僚制の伝統的人事政策は、最早、破綻していた。十万石程度の小藩の藩主では力不足で、京都の治安を維持できないのである。

そこで京都の治安を回復するため、京都所司代の上に京都守護職を置くこととなり、名君の誉れ高い会津藩二十三万石の藩主松平容保(かたもり)に白羽の矢がたった。

実は当時、各藩の殿様ですら、藩内を統制することが困難になりつつあった。

前述のとおり水戸藩では、徳川斉昭や会沢正志斎が尊皇攘夷を唱えたところ、

「尊皇攘夷というアクセルを踏み込んだら、ブレーキがきかなくなった」

という制御不能の状態となり、困惑した徳川斉昭は心臓発作で死去してしまった。

薩摩藩では、島津家の私物ともいうべき膨大な財力と剽悍(ひょうかん)強壮の薩摩兵児(へこ)は西郷隆盛と大久保利通に丸ごと簒奪(さんだつ)され、島津久光の中央政界進出の夢は西郷や大久保に横取りされてしまう。

土佐藩内では、保守派と急進派が血で血を洗う抗争を繰り広げた。土佐藩主から信頼篤かった公武合体派の参政吉田東洋はこの文久二年(一八六二年)四月に武市半平太(瑞山)率いる土佐勤王党に暗殺され、土佐勤王党のメンバーが相前後して入京している。

さらに長州藩では、航海遠略策による公武合体論で一世を風靡した長井雅楽が、吉田松陰の

一番弟子にあたる久坂玄瑞から、
「航海遠略策は、公武合体を名目とし外夷との交易を許す勅状を下させようとしたもの」と非難を浴びて、この六月に失脚（翌年二月に切腹）。七月には、長州藩の藩是は「公武合体・開国容認」から「条約破棄・攘夷断行」へ転換し、保守派と急進派の対立は、のちに長州藩内の内戦へ発展する。

　このような混乱に対処するため、京都守護職の任命にあたっては、「藩風」が第一に重視された。強大な兵力を持つ治安維持機構の信頼性に瑕疵があったり組織が内部分裂したりしては、治安維持の目的が達せられないからである。

　幕府が、会津藩に京都守護職という難役を振りあてたのは、会津藩は、幕末動乱期にあって、藩内に抗争を生ぜず最後まで君臣が一致団結して事にあたった希有な藩であったからである。

　松平容保は幕府の要請を断り難く、文久二年閏八月、京都守護職を拝命する。容保は公武合体と幕府開国外交に挺身し、敢えて火中の栗を拾う決心をしたのである。

　容保が京都守護職を拝命した同時期、京都では三条実美（さねとみ）が天皇に対して上書を提出し、「癸丑（きちゅう）（嘉永六年、ペリー来航のこと）以来、十歳に相及び候処、国力ますます衰弱に及び、人心いよいよ不協に相成り、方今、切迫の時勢に至ったので、攘夷の叡念（えいねん）を関東へ仰下さるべき」であるとした。ペリー来航以来万事うまく行かなくなっているから、幕府に攘夷を命令すべきである、というのである。京都の町に充満していた熱烈な攘夷の熱気に煽られた単純で幼稚な攘夷論である。

三条実美は、翌九月、幕府に対し攘夷の勅命を下すための攘夷督促の勅使に任命され、中納言となり、土佐藩主山内豊範（とよのり）の護衛を得ることとなった。

朝廷から幕府に攘夷督促を求める勅使が江戸へ下向する、という気分的高揚のなかで、京都では朝廷の権威が一段と高まり、幕府の権威はいよいよ失墜。ついには、京都町奉行所の警察機能がまったく無力となった。

京都町奉行所を統括する京都所司代酒井忠義が二条城内へ逃げ込んでしまうと、京都所司代配下で捕方（とりかた）の京都町奉行所の与力・同心らは立つ瀬を失い、九月二十三日、土佐勤王党の首領武市半平太が指揮する土佐藩士十二人、長州藩から久坂玄瑞が指揮する十人、さらに薩摩藩士も加わった二十五人の土佐長州薩摩合同暗殺団が、京都町奉行所与力渡辺金三郎、上田助之丞、森孫六、大河原十蔵の四名を斬殺し首級を粟田口刑場に梟（きょう）した。

こうしたテロの嵐が吹き荒れる十月二十二日、三条実美ら勅使一行は、江戸へ向けて京都を出立したのである。

さらに翌十一月には、かつて井伊大老の腹心で既にこの八月斬刑に処せられた長野義言の妾だった村山可寿江が土佐勤王党によって引きずり出され、三条大橋の橋柱に縛られ生き晒しとなった。その三日後、村山可寿江が前夫金閣寺坊官多田源左衛門との間になした子で政治的に何の関係もない金閣寺寺侍多田帯刀が、土佐勤王党に斬殺され、首級が粟田口刑場に晒された。

京都の治安悪化は最早極限状態になったのである。

そのさなかの十二月二十四日、京都守護職を拝命した松平容保が会津藩兵千人を率いて京都に入った。だがそれ以降も天誅の嵐は一向におさまらなかった。

年が明けて文久三年（一八六三年）一月二十二日、幕府の意向を受けて朝廷工作を行っていた儒学者池内大学が大坂で暗殺され、斬り落とされた両耳は議奏の正親町（おおぎまち）三条実愛（さねなる）邸と中山忠能邸に投げ込まれた。

池内の耳を投げ込まれた正親町三条実愛と中山忠能は、耳に添えてあった脅迫状を見て、恐怖した。そこには、

「お前たちが三日のうちに議奏を辞めなければ、この耳のようにする」

とあったからである。驚愕した両人は直ちに議奏を辞任し、隠居してしまった。

さらに六日後の一月二十八日、公卿千種家の家臣賀川肇（はじめ）が斬殺され、切断された賀川の両腕は、千種有文邸と岩倉具視邸に投げ込まれた。千種家が標的となったのは、千種有文が和宮降嫁に尽力したからである。また賀川の首は将軍後見職一橋慶喜の宿舎の東本願寺の門前に置かれ、首に添えられた脅迫状には、老中小笠原図書頭（ずしょのかみ）、大目付岡部駿河守、目付沢勘七郎らに対し、

「すみやかに攘夷を決行しなければ、このような姿になり果てるであろう」

と書かれていた。幕府のトップたちまでが脅迫の対象となったのである。

続いて千種家に出入りしていた百姓惣助が殺され、その首は前土佐藩主山内容堂（豊信）の宿舎土佐藩邸の塀に掲げられ、天誅の趣旨が添えられていた。千種有文や山内容堂が公武合体派であるから、両人を脅迫したのである。京都はまさに無政府状態となった。

将軍家茂の上洛

一方、江戸も騒々しくなってきた。文久二年（一八六二年）十一月二十七日、江戸へ入った勅使三条実美が、幕府に「攘夷督促の勅命」を伝えたからである。

既に開国され、諸外国との貿易が始まっており、今さら攘夷とはとても無理である。しかし攘夷督促の勅命を受けた幕府は、朝廷と事を荒立てる訳にはいかず、ひとまず恭順の姿勢を示すことにし、十二月になってから、将軍家茂が勅使に、

「朝廷の攘夷の意志を奉承した。その策略の儀は、衆議を尽くしたうえで上京し、委細を申し上げる」

と回答した。開国路線を採っている幕府は、苦し紛れに玉虫色の妥協を行い、朝廷に攘夷の具体策を説明するため将軍家茂が上洛するとして、まずは時間を稼いだのである。

年が明けた文久三年（一八六三年）二月十三日、将軍家茂が朝廷に攘夷の委細を上奏するた

め、老中板倉勝静（かつきよ）、同水野忠精（ただきよ）以下総勢三千人を従え、江戸をたった。

将軍家茂の入京に相前後して、将軍後見職一橋慶喜、政事総裁職松平春嶽、老中格小笠原長行（ながみち）、前土佐藩主山内容堂や尾張藩主、肥後藩主、筑前藩主、芸州藩主らも続々と入京し、京都は政局の中心地となった。

将軍家茂入京の翌日、三月五日、将軍後見職一橋慶喜が将軍家茂の名代として宮中に参内すると、朝廷から、

「征夷大将軍の儀はこれまでどおり委任する。攘夷については忠節を尽くすように」

との大政委任の勅命があったが、三月七日に将軍家茂が宮中に参内すると、

「これまでどおり政務を委任するが、事柄によっては、朝廷から直接諸藩に対し命令することもあろう」

と政務の全面委任に一定の留保を付けられた。これは、

「将軍が攘夷に不熱心なら徳川将軍を解任し、攘夷に熱心な他の有力藩主を新たな征夷大将軍に任命する」

とも読めるキナ臭い表現である。

このさなか、薩摩藩の島津久光が入京し、公武合体の立場から、朝廷に対して、

一、無茶な攘夷は避けなければならない

二、浪士や激徒の暴論を採用しない
三、天誅などの暴行を放任しない
四、激徒の説を取り入れる公卿を免職する

などの意見を述べた。まさしく正論ではあるが、それを実現する方策が無いから、皆が困っているのである。方策の無い努力目標を掲げてみても、問題は解決しない。

当時、朝廷では攘夷派の少壮公家が台頭し、前年十二月には新たに国事御用掛が設けられ、関白・左大臣・右大臣ら重職者に加え三条実美、姉小路公知（きんとも）、三条西季知（すえとも）の少壮急進派公家が任命され、朝議はもっぱらここで行われるようになっていた。その二カ月後、朝廷は国事参政・国事寄人（よりうど）の二職を置き、これに任ぜられた急進的攘夷派の公家が朝議を牛耳るようになる。そして公武合体派の公卿衆は攘夷派のテロを恐れて引きこもるようになった。

すると島津久光は、

「自説の公武合体は実現しない」

と見て空しく国元へ帰ってしまった。

また政事総裁職の松平春嶽も、

「攘夷の不可能を知りながら、なお（朝廷から攘夷の）命令を拝するのは、上（朝廷）を欺くものである」

といって政事総裁職を辞任し、国元の福井へ帰ってしまった。

さらに公武合体派の前土佐藩主山内容堂も国元へ帰った。

こうして公武合体派の有力諸藩主は、京都を去ったのである。

しかし将軍家茂は、攘夷論の渦巻く京都から逃げ出す訳にはいかない。将軍後見職一橋慶喜と将軍警護の京都守護職松平容保も、攘夷派一色となった京都から去ることはできなかった。

三人とも苦しい立場である。

しかも将軍家茂は、攘夷祈願のための賀茂神社行幸の列に加わる羽目に陥る。文久三年三月十一日、雛人形の行進のように、武官である征夷大将軍徳川家茂は、文官である関白・左大臣・右大臣など公卿衆の後方に従い、京都町衆が見物するなかを騎馬で供奉（ぐぶ）した。

公卿中山忠能は、これを、

「大樹（たいじゅ）（将軍）乗馬、供奉。君臣之礼、頗る（すこぶる）厳烈」

と記し、幕府が朝廷の風下にたったことを無邪気に喜んでいる。

当時、身分の高い者は輿（こし）や駕籠（かご）に乗り、その姿を人の目に触れさせず権威を保った。

武家の棟梁たる将軍が公卿衆の後方から騎馬で従う姿を晒したことは、京都町衆に、幕府の権威失墜をいよいよ印象付けた。

しかもこのとき、町衆に混じって土手の上から白扇を開き馬上の家茂に対し「イヨッ！　征夷大将軍！」とヤジを飛ばした男がいた。声の主はこの行幸を仕組んだ長州藩の高杉晋作。通常ならば即座に斬り捨てるところだが、行幸だからそれもできず、家茂一行は馬鹿にされたまま賀茂神社へ向かうしかなかった。

長州の口車に乗せられた公家たちは四月十一日、今度は石清水(いわしみず)八幡宮への行幸を行う。

このとき「行列に随身する将軍家茂を攘夷派が急襲し暗殺する」との噂が流れたので、幕府は「将軍家茂は急病」ということにして、一橋慶喜が将軍の代わりに随行した。

ところが、石清水八幡宮の社殿で、将軍代参の一橋慶喜に攘夷の節刀（鞘巻真之御剣(さやまきまことのみつるぎ)）が授与されることとなった。

征夷大将軍が朝廷から攘夷の節刀を賜れば、将軍は攘夷戦の陣頭に立たねばならない。困った事態である。そこで、石清水八幡宮の山の入口まで来た一橋慶喜は、急に腹痛といい出して社殿に昇らず、攘夷の節刀を受けなかった。すると、

「将軍家茂と一橋慶喜は仮病だ」

との噂が流れた。そのとおりである。

幕府は、既に開国を選択しているのである。朝廷が「攘夷！　攘夷！」とやかましいので、やむなく幕府も表面上、攘夷、と調子を合わせているだけなのだ。だから幕府は、「攘夷の確約」だけは避けようとした。

こうした幕府の苦衷は、京都町衆から、

「真の御太刀(おたち)（攘夷の節刀）は、いらないものよ。どうせ攘夷は、できやせぬ」

と、再び、あざけられた。それでも幕府は隠忍自重した。幕府はあくまで、

「朝廷に服従して攘夷の姿勢は示すが、攘夷の確約だけは絶対に避ける」

という方針だったのである。

このようになんとか朝廷の矛先をかわしてきた幕府も、いよいよかわしきれない事態になった。

朝廷が将軍家茂に、

「攘夷開始の期日を確答するよう」

強く迫ったからである。やむなく将軍家茂は、

「一カ月後の文久三年（一八六三年）五月十日を攘夷開始の日とする」

と答えた。しかし幕府は諸大名にこれを布告するに際し、

「外国より襲来したときのみ、これを打ち払え」

とし、日本側からは攻撃を開始せず、専守防衛に限るよう厳しく戒めた。

ああ、それなのに……。

久坂玄瑞の外国船砲撃

文久三年五月十日が来た。

幕府は諸大名に「日本側からは攻撃を仕掛けない」よう布告していたが、長州藩は幕府の布告を無視して外国船を砲撃した。

同日深夜、久坂玄瑞ら長州藩攘夷派が関門海峡で潮待ちのため碇泊中のアメリカ商船ペムブローグ号を砲撃すると、同船は大いに驚き周防灘方面へ逃走した。

次に長州藩攘夷派は、五月二十三日早朝、関門海峡へ入ったフランス通報艦キンシャン号を砲撃。艦尾や外輪に砲弾を受けたキンシャン号は、大あわてで玄海灘へ脱出した。

横浜へ向かっていたオランダ軍艦メジュサ号は、五月二十六日に関門海峡へ入ったところ長州藩の亀山砲台、壇ノ浦砲台、前田砲台や長州藩軍艦庚申丸、癸亥(きがい)丸から砲撃を受けて死者四名、重傷者五名を出し、あわてて豊後(ぶんご)水道へ逃れた。

オランダ東洋艦隊随一の強力艦だったメジュサ号は、

「日本とは二百五十年以上の友好関係にあるわが国が攻撃されることはよもやあるまい」

とオランダ国旗を高く掲げて米仏との国籍の違いをアピールしていたのだが……。

報告を受けた幕府は、長州藩の攘夷行動を詰問し、

「外国船に対し、みだりに発砲しないよう」

厳命した。しかし一方、朝廷からは長州藩に対し、

「いよいよ大いに努力して皇国の武威を海外に輝かすように」

との賞賛の御沙汰が下り、褒められた久坂玄瑞ら長州藩攘夷派は盛んに気勢を上げたのであ

る。

しかしアメリカとフランスは直ちに長州藩への報復を行い、六月一日、アメリカ軍艦が下関沖へ進入して長州藩亀山砲台を猛砲撃して沈黙させ、庚申丸、壬戌（じんじゅつ）丸を大破擱座、癸亥丸を中破させた。ついで六月五日にはフランス軍艦二艦が下関海峡へ入って猛烈な砲火を浴びせ、陸戦隊二百五十人が上陸して前田砲台、壇ノ浦砲台等を占領し、備砲を破壊し、弾薬を海中に投棄し、鎧、兜、刀、槍、火縄銃等を戦利品として奪った。

オランダはこのときは長州藩への報復行動を取らなかったが、わが国との親交に見切りをつける（ずっとのちの昭和十六年、日本につくか米英につくかを迫られたオランダは対日石油輸出禁止を決定し、米英中とＡＢＣＤ対日包囲網を形成する）。

八・一八政変

長州藩の攘夷熱は直ちに京都に伝播（でんぱ）した。

長州砲台がフランス軍艦の砲撃を受けた三日後の文久三年六月八日、久留米へ戻っていた攘夷派の思想的リーダー真木和泉が再び入京し、在京長州藩士や攘夷急進派らに攘夷親征論を説いた。真木和泉の攘夷親征論とは、

「京都（朝廷）と江戸（幕府）は『御手切れ』とし、武官たる将軍の軍事権を剥奪し、天皇が

自ら軍事統帥権を掌握して、土地・人民への徴税権・支配権を確立する」
という革命的な思想である。真木和泉は、
「攘夷戦争に消極的な徳川幕府から軍事権・徴税権を剥奪しよう」
といったのである。軍事権と徴税権を剥奪することは政権転覆を意味する。煎じ詰めれば倒幕論である。こうして倒幕論が公論として登場することとなった。

将軍家茂はこのとき京都に滞在していたが、京都の攘夷倒幕熱にほとほと閉口し、真木和泉が入京した翌日の六月九日、ほうほうのていで京都を去り、汽船で江戸へ帰った。

こうして京都は長州藩の独擅場(どくせんじょう)となり、攘夷親征論が一段と活発になって、七月になると長州藩重臣が公家たちの間に攘夷親征の実行を入説し、攘夷熱が一段と昂揚した。

そして再びテロの嵐が吹き荒れ、公武合体派の公卿衆が狙われた。

七月十九日夜、公武合体派の公卿徳大寺公純(きんいと)の家臣滋賀右馬允(うまのすけ)が襲われて重傷を負い、同夜、右大臣二条斉敬(なりゆき)の家臣北小路治部少輔(じぶのしょう)の屋敷が襲われた。翌二十日には公武合体派の重鎮松平春嶽の宿舎に予定されていた東山の高台寺が焼かれ、春嶽に宿坊を貸そうとしたという理由で、本願寺の松井中務(なかつかさ)が斬殺された。

公武合体派の公卿衆は息を潜め、京都は攘夷親征派の独擅場となり、八月十三日には、
「攘夷御祈願の為、大和国行幸、神武帝山陵、春日社等御拝、御親征軍議あらせられ……」
との「大和行幸の詔(みことのり)」が発せられた。長州藩家老益田右衛門介をはじめ長州藩士桂小五郎(木

戸孝允)、久坂玄瑞、真木和泉、平野国臣らは学習院（公家の学問所）への出仕を許され、長州、薩摩、土佐など十余藩の藩主に費用献納や随行命令が下された。

天皇が行幸され攘夷の祈願をされることは宗教的儀式で、軍事的な意味はない。しかし御親征軍議とは、倒幕の作戦会議という軍事行動である。

だから「大和行幸の詔」が出されると長州藩は色めきたち、京都の街では、

「大和行幸ののち、錦旗（きんき）を箱根山へ進め、幕府討伐の兵を挙げる」

との風説が流れた。これは朝幕戦争である。内戦勃発という憂慮すべき事態となった。

しかし形勢は、突如、一変した。孝明天皇の意向が示されたからである。

孝明天皇は強硬な攘夷論者ではあったが、あくまでも公武合体を支持し、現実政治は幕府に任せる、とのお考えであった。攘夷親征決定後、孝明天皇は中川宮を召して、

「公卿・諸大名から、幕府が攘夷を実行しない、ゆえに朕の親征を仰ぐというが、徳川には和宮がおり、今、自ら徳川を討伐すると、和宮を討たなければならない。そうすれば先帝に対しても、また肉親としても大いに忍びない。深く時機を考えて見ると、（一橋）慶喜や（松平）容保らの奏上するように、まだ武備が充実していないのに（外国と）開戦するのは時機尚早である。ゆえに朕の大和行きはしばらく延期すべく、よって征幕のこともやむであろう。汝は朕の意思を心得て、よろしく計らうように」

とのご意思を伝えられた。かつて井伊大老が企画し老中安藤信正が実現した公武合体が、こ

のとき朝廷と幕府の内戦を回避させたのである。孝明天皇は、将軍後見職一橋慶喜や京都守護職松平容保を信頼されていたのだ。

長州排除の計画は中川宮が中心になり、前関白近衛忠熙（ただひろ）、右大臣二条斉敬ら公武合体派の公卿が参加し、京都守護職の会津藩と公武合体を唱える島津久光の薩摩藩が実行主体となった。

島津久光はれっきとした公武合体派である。この島津久光が、孝明天皇の意向に沿うべく自藩の兵力を用いたのは当然だったといえる。

文久三年八月十八日午前一時頃、中川宮、近衛忠熙、二条斉敬、徳大寺公純、近衛忠房ら公武合体派の公卿衆や京都守護職松平容保らが参内し、会津、薩摩、淀藩兵らも九門（御所の門）内へ入り、門は閉鎖された。かくして朝議が行われ、

一、攘夷親征のための大和行幸の延期
二、攘夷派公家の参内の禁止
三、国事参政・国事寄人の廃止
四、長州藩の堺町御門警護の解任

などが決定された。

そして中川宮は、

「この頃、議奏並びに国事掛の輩、長州主張の暴論に従い、叡慮（天皇の意向）にあらせられざる事を、御沙汰の由に申し候こと少なからず。なかんずく御親征、行幸などのことに至りては、即今いまだ機会来たらずとおぼしめされ候を矯めて、叡慮の趣に施し行い候段、（孝明天皇の）逆鱗少なからず。右様の過激、疎暴の所業あるは、まったく議奏並びに国事掛の輩が、長州の容易ならざる企てに同意し、聖上へ迫り奉り候は不忠の至りにつき、三条中納言（三条実美）始め、追って取調べ相成るべく……」

との勅を述べ、

「御親征は孝明天皇の意思ではない」

ことを明言した。

これにより宮廷内は公武合体派の公卿衆によって占められ、三条実美、三条西季知、沢宣嘉、東久世通禧、四条隆謌、錦小路頼徳、壬生基修の七人の攘夷派公家は京都を追われ、翌八月十九日、長州藩士とともに長州へ下った。「七卿落ち」である。

孝明天皇は三条実美ら急進的攘夷派公家が退けられたことにいたく満足なされ、八月二十六日に松平容保や京都所司代淀藩主稲葉正邦や在京の諸藩主らが参内した際、

「これまで真偽不分明の儀があったけれども、さる十八日以後に申し出ることが真実の朕の存意であるから、このあたり諸藩一同、心得違いのないように」

との孝明天皇の宸翰（手紙）が示された。

さらに孝明天皇は、中川宮・近衛忠熙・二条斉敬宛の宸翰に、

「三条（実美）はじめ暴烈の処置は、深く痛心の次第。いささかも朕の料簡を採用せず、そのうえに言上もなく浪士輩と申し合わせ、勝手次第の処置多端。表には朝威を相立て候などと申し候えども、真実の朕の趣意相立たず。誠に我儘。下より出る叡慮のみ。いささかも朕の存意は貫徹せず。じつに取り退けたき段、かねがね各々へ申し聞かせおり候ところ、さる十八日に至り、望み通りに忌むべき輩を取り退け、深く悦び入り候事に候。重々不埒の国賊の三条はじめ取り退け、実に国家の為の幸福。このうえは朕の趣意の相立ち候事と、深く悦び入り候事」

と記された。

孝明天皇は、三条実美らが自分らの野望を遂げるため天皇の権威を利用していることに激怒され、三条実美を国を滅ぼす「国賊」と断罪されたのである。

水戸天狗党の乱

この八・一八政変ののち、京都は平穏に推移し、文久三年（一八六三年）の年内は、ともかくも平穏に過ぎた。しかし孝明天皇は、痛く宸襟を悩まされていた。表面的な平穏の裏で、内外情勢は一段と厳しさを増していたからである。

年が明けて元治元年（一八六四年）正月、将軍家茂が軍艦で大坂に着き入京して一月二十一

日に参内すると、孝明天皇は家茂を御前に召して宸翰を与えた。そこには、

「嗚呼、汝等、今の形勢を如何と顧みる。内は即ち綱紀が廃れて弛み、百姓（国民）ら塗炭の苦しみを味わい、ほとんど瓦解土崩れの様相を顕わしている。外は即ち、驕りたかぶる外国夷狄の侮辱を受け、まさに国家が呑みこまれんとしている。危うきこと累卵の如く、眉を焼くが如し。朕これを思いて夜も眠られず食欲不振。これも朕が不徳の致すところであって、その罪は朕にあり、地下の祖宗に合わせる顔がない。汝等は朕の赤子であって、朕はこれを愛すること子の如し。醜い夷狄を征服するのは国家の大典であるが、無謀の征夷は望んでいないので、朕にその策略を奏せよ。朕がその可否を論じ、不抜の国是を定むべし。朕、凡百の武将を見るに、会津中将、越前中将、伊達前侍従、土佐前侍従、島津少将らの如き、すこぶる忠実純厚、思慮宏遠、以て国家の枢機を任ずるに足る。嗚呼、朕、汝等と誓いて衰運を挽回し、上は先皇の霊に報じ、下は万民の急を救わんと欲す」

とあった。

孝明天皇は内外の時局を深く憂い、会津中将松平容保、越前中将松平春嶽、伊達前侍従伊達宗城、土佐前侍従山内容堂、島津少将島津久光ら公武合体派の藩主たちへの信任と期待を示されたのである。

こうして元治元年の正月は、波瀾の予感をはらみながらも、ともかく平穏に過ぎた。

しかし春めいてくると、再び攘夷派の動きが活発になり、水戸で「天狗党の乱」という騒動

が起きた。

元治元年三月二十七日、尊皇攘夷運動が活発になった水戸藩では、藤田小四郎が尊皇攘夷の大義を唱えて水戸町奉行田丸稲之衛門を主将に迎え、

「尊皇攘夷の志を天下に具現する」

と、六十二人の同志と筑波山で挙兵した。すると浪士、農民らが続々と参集し、最盛期には一千五百余人ほどの大集団へ膨れ上がった。

藤田小四郎ら挙兵勢力（筑波勢）は、こうした大集団を抱えて軍資金調達の必要を生じ、近在の豪商、豪農に軍資金を募って軋轢を起こし、金品徴発、放火、殺人に及んだ。

幕閣は、筑波勢による北関東一円の治安悪化を問題視し、水戸藩保守派及び近隣諸藩に筑波勢追討を命じ、幕府軍四千人が江戸を進発した。

水戸藩保守派・近隣諸藩・幕府軍と筑波勢との戦闘は元治元年七月七日に始まり、断続的な小競合いが続き、その間、藩内で保守派と対立して失脚した武田耕雲斎一派が藤田小四郎ら筑波勢に加わった。しかし那珂湊（なかみなと）付近を拠点とした武田耕雲斎、藤田小四郎らは幕府軍との戦闘に苦戦。十月二十三日に那珂湊を去り、久慈川に沿って北上し水戸藩北部の大子（だいご）村に集結した。

大子村へ集結した一千余人は、武田耕雲斎を主将、田丸稲之衛門と藤田小四郎を副将として団結を固め、水戸天狗党となった。ここで天狗党は、当初の原点に立ち帰って、

「上洛して、『戊午の密勅』に示された天朝の尊皇攘夷の叡慮を奉ずる水戸天狗党の至誠を、

禁裏御守衛総督一橋慶喜を通じて朝廷及び全国諸藩に訴え、尊皇攘夷の先駆けとならん」と決した。水戸天狗党の目的は、「桜田門外の変」ののちも水戸に留め置かれた「戊午の密勅」の趣意を、日本全国へ流布伝達することだったのである。よって武田耕雲斎と藤田小四郎らは水戸藩尊皇攘夷派の「激派」の系譜に属していたといえる。

天狗党は京都を目指して十一月一日に大子村を出発し、下野（しもつけ）、上野（こうずけ）から中山道を西へ進み、途中、高崎藩兵、高島藩兵、松本藩兵と交戦しながら下諏訪宿（しもすわしゅく）へ入った。その後、天狗党は美濃へ入り濃尾平野の入口の鵜沼宿（うぬまじゅく）に至った十一月三十日、前方の長良川岸に大垣藩、彦根藩、尾張藩、桑名藩などの大軍が堅固な迎撃態勢を敷いていることを知った。

そこで天狗党は中山道を外れて間道へ入り、北方へ迂回して越前から京都へ入るルートを選び、根尾川に沿って上流へ進み、十二月四日、厳寒の蠅帽子（はえぼうし）峠を越えて越前へ入り、十二月八日、今庄宿に着いた。

今庄宿は京都へ向かう北国街道の宿場町である。天狗党の入京は目前に迫った。

天狗党は、さらに四里ほど西進し、十二月十一日に新保宿（しんぼしゅく）へ入った。

しかし、ここで前進を阻止される。

天狗党の前に、加賀藩兵、越前藩兵、小浜藩兵、彦根藩兵、大垣藩兵など一万余の大軍が陣を敷き、行く手を阻んでいたからである。この大軍は、禁裏守衛総督一橋慶喜が十一月二十九日に自ら朝廷に天狗勢追討を願い出て、幕府軍を率いてきたものであった。

天狗党は、一橋慶喜を頼みとして、嘆願書を提出し、

「慶喜が自分たちの声を聞き届けてくれる」

と期待したが、慶喜は嘆願書を受け付けず、逆に天狗党への厳罰方針を示した。

前述のとおり武田耕雲斎や藤田小四郎らは水戸藩に下された「戊午の密勅」を全国諸藩に伝達すべしとする水戸藩尊皇攘夷派の「激派」に属し、密勅の返納に反対して水戸街道・長岡宿に屯集して気勢を上げた高橋多一郎らと思想を共有していた。そして武田耕雲斎、藤田小四郎らは、密勅の返納を主張し「激派」の武力討伐を決めた「鎮派」のリーダー会沢正志斎を「老耄（ろうもう）（もうろく爺さんの意）」と呼んで激しく対立した。

しかしそもそも、一橋慶喜は会沢正志斎らの「鎮派」の系統に属しており、武田耕雲斎や藤田小四郎ら「激派」に対して共感するどころか、むしろ反発していたのだ。

武田耕雲斎や藤田小四郎ら水戸天狗党は、この重要な相違点を、理解していなかった。

慶喜に対する嘆願書は受理されるはずもなく、万策尽きた天狗党は十二月十七日、加賀藩を通じて降伏し、武田耕雲斎、藤田小四郎ら三百五十二名が斬首された。

水戸天狗党は、孝明天皇が下した「戊午の密勅」に殉じて、滅亡したのである。

蛤御門の変

一方、京都情勢も緊迫してきた。

長州藩と攘夷派公家は前年夏の八・一八政変で京都を追われたが、一部の攘夷派浪士らは京坂地区に潜伏して再起の機会をうかがっていた。やがて彼らは、水戸天狗党が挙兵した元治元年三月頃から、勢力の挽回を図って活発に動き始め、町人に変装した長州人たちが国元を立って京坂地区へ続々と潜入してきた。

こうして京都は、再び、キナ臭い情勢となり、五月頃になると、多数の長州人が京都へ潜入して他藩の者と会合をもち、何事かを画策している不穏な動きが明らかとなった。

そこで京都守護職は、配下の新撰組に市内の厳重警戒を命じた。

新撰組が京都市内を探索すると、四条寺町で古物商を営んでいる枡屋喜右衛門は、

「商売もせず、町内のつきあいもなく、長州人たちがしきりと出入りしている」

ことが判明。折りしも中川宮の家臣高橋健之丞と会津藩士松田鼎（かなえ）が暗殺された。

新撰組が六月五日早朝、かねて目星を付けていた枡屋喜右衛門方へ踏み込むと、地下室から具足十一領、槍二十五筋、木砲五梃、弓十一張、矢五百筋、火薬など大量の武器のほか偽装用の会津藩の家紋入り提灯も発見された。

証拠隠滅のため機密書類を火中へ投じていた枡屋喜右衛門こと古高俊太郎は逃げ遅れて捕縛され、倒幕派の志士らの手紙類も押収された。

古高俊太郎は近江古高村の郷士で、死を決して入京した攘夷派の志士だった。

尋問を受けた古高が、執拗な拷問の苦悶に耐えかね、自白したところによれば、
「在京の長州藩等攘夷派は、六月二十日前後の烈風の夜を選んで御所に火を放ち、混乱に乗じて、御所へ急行する京都守護職を襲って殺害し、中川宮を幽閉する。同時に長州藩本隊を京へ引き入れ、孝明天皇の身柄を長州へ移して攘夷を断行する」
との供述であった。京都を追われた長州藩本隊と、京都に残留して逼塞していた攘夷急進派は、相呼応して、玉(ぎょく)＝天皇、を掌中に取り戻そうとしていたのである。

古高の自白は机上の空論ではなかった。その証拠に、その直後、四条千本で葛籠(つづら)六杯分の大砲の砲弾と川舟六杯分の鉄砲と大筒が発見されたからである。

新撰組局長近藤勇が隊士を緊急招集し、必死になって河原町通りの茶屋などをしらみ潰しに探索すると、夜十時頃、三条大橋西詰の旅宿池田屋惣兵衛方に不審な動きを察知した。行灯(あんどん)の影に透かせば、軒下に鉄砲と槍が十梃ばかり立て掛けてある。池田屋の二階では長州藩士吉田稔麿(としまろ)、長州藩士杉山松助、土佐藩士北添佶磨(きつま)、肥後藩士宮部鼎蔵(ていぞう)、肥後藩士松田重助ら攘夷派志士三十余名が集合し、古高俊太郎逮捕の善後策を密談中だった。

近藤勇らは池田屋へ斬り込み、長州藩士吉田稔麿、土佐藩士北添佶磨、肥後藩士宮部鼎蔵、同松田重助ら十一人が斬死、二十余人が捕らえられた。

この「池田屋斬り込み」で、攘夷クーデター一派の京都支部は潰滅した。

池田屋事件で攘夷派の京都支部が壊滅すると、その十日後の六月十五日、福原越後、益田右衛門介、国司信濃の三家老が長州藩本隊を率い、真木和泉など他藩の志士らも含めた三千余人の兵が京都へ進発。伏見口に福原越後、山崎口の天王山に益田右衛門介のほか真木和泉・久坂玄瑞・入江九一ら、嵯峨の天竜寺に国司信濃・来島又兵衛が布陣し、三方から京都洛中を包囲した。

そして長州藩全軍は七月十八日深夜、突如、京都へ進撃した。

しかし伏見口から進撃した福原越後隊七百人は、会津藩兵・大垣藩兵・彦根藩兵に撃退されて入京できず、大坂方面へ敗走した。

嵯峨の天竜寺から進撃した国司信濃・来島又兵衛の千余人が、会津藩が守る蛤御門を攻撃すると、蛤御門の会津藩兵は、前面に来島又兵衛隊、背後に国司信濃隊を迎えて苦境に陥った。ところがこのとき、乾御門を守っていた西郷隆盛ら薩摩藩兵と清所御門を守っていた桑名藩兵が応援に駆けつけ、来島又兵衛が銃撃を受けて戦死。蛤御門へ攻め込んだ長州勢は崩れて潰走した。

山崎口天王山を進発して入京した真木和泉隊九百人は、堺町御門の越前藩兵と激突して一進一退となったが、伏見方面の長州勢を撃退した会津藩兵が応援に駆けつけると、前後から挟撃されて久坂玄瑞、入江九一らが戦死し、壊滅状態となってしまった。

こうして長州勢は総崩れとなった（真木和泉は天王山で自刃）。

第五章
慶喜が条約勅許を得る

違勅調印の矛盾

テロ・天誅から蛤御門の変という内戦まで引き起こした通商条約の最大の問題は、これまで述べてきたように条約自体が朝廷からの勅許を得ない「違勅調印」だったということである。

違勅調印は、幕府が朝廷をないがしろにした、というだけではなく、勅許を得るよう意見具申した御三家など有力諸藩主の面子（めんつ）を潰した。違勅調印の通商条約は、朝廷や御三家等有力諸藩主の同意が得られておらず、国内的合意が形成されていないので、国際条約に必要な国家意思の最終的確認であり確定的同意手続きである批准が、実質上、なされていなかった。違勅調印の通商条約にはこうした決定的な法的欠陥があったのである。

ここに通商条約の不幸があり、国内的混乱の原因があった。

攘夷派は、朝廷から勅許を得ない違勅の通商条約は批准されない国際条約として「法的効力を有さない」との立場を取り、通商条約の法的効力を認めず、テロリスト化した彼らは来日外国人や駐日外交官を殺害したり幕府外交当局者を襲撃したりした。

一方、諸外国は通商条約の誠実な履行を求めて開港・開市を幕府に迫り、開港後は外交官や外国商人が日本国内をわが物顔で闊歩（かっぽ）した。そして諸外国は、自国の外交官や商人に危害が及ぶと、重大な条約違反と幕閣を責め、幕府に補償と警備強化を要求した。

批准されない国際条約は、このように国内に激しい混乱を惹起したのである。

ここで振り返って、違勅調印後の政局の動きを見てみたい。

井伊大老が勅許を得ないまま通商条約に調印すると、国内に激しい反発が湧き上がったが、井伊大老は逆に強気に出て「安政の大獄」という強権の発動をした。この強権発動により違勅調印を表立って非難する者はいなくなったが、攘夷派はその矛先を無防備な来日外国人へ向け、通商条約に基づく貿易開始により横浜や江戸市中を出歩く外国船員・外国商人・駐日外交官への異人斬りが頻発した。

攘夷派は、外国人が憎いとか、紅毛碧眼（へきがん）は嫌い、といっているのではない。違勅の通商条約は国内合意がなく「有効に成立していない」といっているのである。

攘夷派の見解は、

「違勅の通商条約が有効に成立していない以上、国内法の鎖国が生きている。従って、国内を闊歩する外国人は、国内法の鎖国に違反する『不法入国者』であり、国内法に基づいて『斬り捨て御免』にしても構わない」

という理屈なのである。ここに問題の根深さがあった。

こうして違勅通商条約を無効とする攘夷派は、交易開始以降、国内を闊歩する無防備な外国人に対する異人斬りを頻発させた。

前述のとおり幕府は諸事件の続発にほとほと手を焼いた。諸外国から厳重な抗議と来日外国人の安全確保の要求が突きつけられたが、幕府の警護体制に実効が上がらなかったからである。

問題を本質的に解決するには、朝廷から通商条約の勅許を得るしかない。朝廷から勅許を得れば、通商条約は国内的合意を得て批准されたことになり、攘夷運動は沈静化する。

しかし、それが難しい。

誰が、朝廷を説得できるのか？

それは、誰が猫に鈴を付けるのか？　というにひとしい難問だった。

京都朝廷が頑迷固陋だった、という訳ではない。京都朝廷は、わが国の歴史が王朝貴族社会から武家政治社会へ大きく転換したのち、政治の舞台から完全に降りた。そして皇室や公家たちは、詩歌管弦など日本文化の使徒として、古都を舞台に誇り高く静かな精神生活を営んでいた。だから皇室や公家たちにとって、今頃、幕府から「開国は時代の趨勢」などと説かれても、外国人が本邦内を闊歩して皇室や公家衆が護り育んできた日本文化が蹂躙されるようなことになれば、自らの精神の拠り処を脅かされてしまうではないか。京都朝廷には、開国によって自分たちのレゾン・デートル（存在理由）を喪失するかもしれない、との危機感があり、皇室や公家たちは変化に慎重だったのである。

さらに、皇室や公家たちの生活は苦しかった。皇室や公家や寺社の所領は、戦国時代を通じて、勃興した武士団により、あらかた掠め奪られてしまったからである。皇室の所領は三万石だった。これは小大名並みである。公卿筆頭の近衛家が二千八百石、鷹司家が千五百石と高級旗本並みで、昇殿を許された公家といっても百石程度の者が多かった。公家百三十家の家領の合計は四万石であり、少禄の朝臣などはカルタ貼りや古書の写本作りなどの内職でやっと糊口を凌ぐ有り様だった。

外国との通商が開始され、海軍建設を急ぐ幕府が軍艦等を輸入するようになると、生糸や茶が輸出に回され、諸物価が高騰した。とくに生糸が輸出に回り品薄になって値段が高騰すると、生糸を原料とする西陣などの絹織物業者がまず困り、絹織物類が値上げされると、絹の衣装をまとう公家たちの経済的負担が増した。京の着倒れ、といわれている。通商交易によって原料生糸が高騰し、衣装代が値上げされたのでは、京の着倒れに一段と拍車が掛かってしまう。

開国は、地域経済問題として、消費都市京都を直撃したのである。

だから、幕府から開国は時代の趨勢、などと説かれても、軍艦を輸入するため生糸が品薄となって困窮に晒されているのは公家たちだから、そのお膝元の京都が、攘夷論の坩堝と化したのはやむを得ざる仕儀であった。

それに一般の祇園や島原の芸者衆にとっても、絹の衣装は女の命だし、彼女たちの常連の絹織物業を営む旦那衆の反開国気分も伝播して、多くは攘夷派に心を寄せ、勤皇芸者まで現われる始末だった。勤皇芸者といえば品川弥二郎の愛人君尾太夫や桂小五郎の幾松が有名だが、攘夷派志士が彼女らからやたらモテたのも自然なことだった。

新撰組の近藤勇は「祇園のお芳に惚れられた」とか、土方歳三は「島原の花君太夫は恋人」などと自己申告しているが、開国によって打撃を受けた京都地域経済の深刻さから見ても、やは攘夷派志士の方が芸者衆からモテたようである。このように花街の女性たちが攘夷派志士に心を寄せ匿(かくま)ったりするようになると、新撰組の警察活動は一段と困難になる。

通商条約では、横浜・長崎の開港に続き、兵庫・新潟の開港と江戸・大坂の開市が定められた。しかし横浜開港だけでも異人斬りなど不測の事態が生じ、幕府の警備体制が不充分なことは極めて憂慮すべき状態だった。違勅の通商条約を認めない攘夷派が数多くいる以上、幕府としても万全の警備体制を敷くことは困難だった。

究極の解決策は、勿論、条約勅許を得ることである。

条約勅許が得られれば、すべてが解決する。

しかし勅許を得ることは不可能に近い状況なのだ。

本質的な解決が困難な場合、まずは次善の策ということになる。

そこで老中安藤信正は、通商条約の中身を骨抜きにして攘夷派との落差を埋めようとし、前述のとおり、文久二年(一八六二年)五月のロンドン覚書で、兵庫開港と江戸・大坂開市を五年間延期することとした。

幕府は、ロンドン覚書で通商条約の条件を緩和し、開国のテンポを遅らせることで攘夷派に一定の配慮を示し、時間的猶予を確保して、一息つこうとしたのである。

生麦事件

ロンドン覚書が調印されたちょうどその頃、日本の南の端から一人の男が、政治改革を掲げて上京してきた。島津久光である。薩兵一千名を率いた久光はまず朝廷に堂々と顔を出し、勅使を伴って江戸へ下り、幕府に対し、

「一橋慶喜と松平春嶽を重職に就けよ」

との勅旨を伝えて実現させた。世にいう久光の「率兵東上」である。

久光は八月二十一日早朝、意気揚々と帰国の途につく。ところが午後三時頃、川崎を過ぎ、生麦村に差しかかったところで、事件は起きた。

避暑のため上海から横浜へ来たイギリス商人リチャードソン、香港からきたボロディール夫人及び横浜在住のクラーク、マーシャルの四人が乗馬で島津久光の駕籠の傍(そば)まで進み、リチャードソンが供侍(ともざむらい)に斬殺され、クラークとマーシャルが負傷したのである。

東海道は松並木が美しく、富士山が遠望でき、街道筋には茶屋もあって、イギリス商人にとって人気の乗馬コースとなっていた。西暦では九月十四日、爽やかな秋晴れの日曜日だった。クリスチャンであるなら、安息日には家にこもって祈りでも捧げていればよかったのだが、リチャードソンらは、午後二時半頃、馬で神奈川を出発し川崎方面へ向かった。彼らは東海道を東へ進み、ちょうど生麦村に差しかかった午後三時頃、島津久光の行列に遭遇した。

リチャードソンらは、駕籠に乗った非番供頭(ともがしら)海江田武次を中心とし先払い・鉄砲組・足軽組・

槍奉行等から構成された先導隊の一団と出くわしたが、先導隊の行列の脇を、乗馬のまま悠々と進み、行き違った。海江田武次の先導隊をやり過ごした四人が、さらに百メートルほど進むと、島津久光の駕籠を中心とした本隊と出くわした。四人はリチャードソンを先頭に道路脇に寄って進み、先頭の槍持ちのグループや長持ちのグループ、次に徒士の集団、さらに鉄砲組の大集団、そしてついに近習小姓組の三十人位の集団と行き合い、供頭奈良原喜左衛門ら六十人の屈強な供侍に守られ十人の担ぎ手に担がれた島津久光の駕籠に近寄った。そのとき、主君島津久光から片時も離れず久光の駕籠脇を固めていた供頭奈良原喜左衛門が、血相を変えて彼らの前へ走り寄り、

事件当時の生麦村

「引き返せ！」

と叫んだ。言葉はわからなかったがボロディール夫人は馬首を立て直し、もと来た道を神奈川方面へ一目散に逃げた。

リチャードソンの馬は、もたもたしながら、近習小姓組の列のなかへ踏み込んだ。

そのとき奈良原喜左衛門は刀を抜き、跳び上がって馬上のリチャードソンの肩口から腹部へ斬り下げた。リチャードソンは懸命に馬を走らせ一キロほど逃げたが落馬し、追いついた非番供頭海江田武次が、深手に呻吟するリチャードソンに止めを刺した。

クラークとマーシャルは肩などを斬られながらも、その場から逃げた。薩摩藩による公式見解は、「馬上にて行列に無体に乗り入れ候につき斬った」

というもので、歴史書も「行列を乱したイギリス人を無礼打ちにした」としている。

しかし事の本質は、行列を乱したというルール違反といった、のんびりした話ではない。

大名行列と出会った町人たちが道をよけて土下座するのは、「駕籠を不意打ちしない」という意思表示なのである。長蛇の列をなす大名行列は、前後からの攻撃には重厚な構えだが、大名駕籠を狙った側面攻撃には極めて脆弱である。真横から駕籠に竹槍を差し込めば大名は即死してしまう。だから町人たちは土下座して攻撃意思が無いことを示したのだ。

実際、この少し前に行列と遭遇したアメリカ領事館員のヴァン・リードは馬から降り、道端に控えていたため何の危害も受けていない。

それなのにリチャードソンらは、乗馬のまま進み、島津久光の駕籠の傍へ近づいた。

島津久光の供侍たちもピストルの威力くらいは知っていただろう。何しろ海江田武次の実弟有村次左衛門も参加した二年前の桜田門外の変のとき、襲撃団はピストル五挺を使用し、ピストルで撃たれ動けなくなった井伊大老の首級を有村次左衛門が取ったのである。

当時、「大名が自らの過失で死亡したときは家名断絶・領地没収」が、幕府の掟だった。だから井伊大老が討たれたとき、幕府は国法に従って彦根藩を家名断絶・領地没収にしようとした。しかし、譜代筆頭の彦根藩がお取り潰しではあまりにも影響が大きい。そこで幕府は、「井伊大老は存命」ということにして彦根藩を本領安堵した。

このときは幕府奥右筆（おくゆうひつ）が井伊家に出向いて指導し、

「今朝登城の折り、狼藉共鉄砲打ち掛け、駕籠を目掛けて切り込み候に付き、拙者（直弼）儀、捕押方指揮致し候処、怪我致し候間、帰宅致し候」

とする「偽の診断書」を提出させた。次に、井伊大老の首級を取り返して藩医岡島玄達が井伊大老の胴体と縫合した。そのため将軍家茂からは負傷見舞いの使者や氷砂糖一壺、鮮魚一折、朝鮮人参十五斤の見舞いの品が届けられたりした。江戸市中の者は、井伊大老が殺され首級を取られたことを噂で知っていたが、幕府は井伊家断絶を避けるため壮大な茶番劇を演じたのである。

だが島津家は幕府にとって「目の上のたんこぶ」ともいうべき外様大名である。しかも今回、島津久光は勅使を擁して江戸に入り老中板倉勝静、同水野忠精に対し「老中の上に一橋慶喜と松平春嶽を据えよ」と横車を押し幕府を散々困惑させたあと、国元へ戻る途中なのである。

その島津久光が正体不明の外国人からピストルで射殺されたり負傷したりすれば、幕府は「これ幸い」と島津家を「お家断絶」にして、幕府首脳人事への介入に反撃するかもしれない。そうなれば島津家にとってまさに「お家の一大事」である。

また彦根藩では、藩主井伊大老の首級が奪われたというのに無傷・軽傷の供侍十一名がいた。生き残った彼らは世間から「彦根武士の名折れ」と面罵された（投獄されてのちに処刑）。

もし島津久光が、駕籠の傍へ乗馬で近寄ってくる外国人にピストルで射殺されたりすれば、警護役の供頭奈良原喜左衛門や非番供頭海江田武次は武士の面目を失い、士道を重んずる薩摩藩にあって生きていくことは困難になっただろう。とくに今回の場合、リチャードソンらが非番供頭海江田武次の薩摩藩先導隊をやり過ごし、乗馬のまま島津久光の駕籠の傍へ近寄ったことは、非番とはいいながら海江田の大失態だった。海江田は周囲の者から、

「非番をいいことに駕籠のなかで寝ちょったのか」

といわれても反論できない油断だった。島津久光の駕籠脇を警護していた当番供頭奈良原喜左衛門が乗馬のまま島津久光に近寄るリチャードソンたちを見て血相を変えたのは、警護役として当然だったのだ。

島津久光の駕籠の傍へ近寄ってくる正体不明の外国人が、商人であろうと女性であろうと、世にピストルという飛び道具が登場した以上、島津家供侍としては、主君久光が射殺され島津家が家名断絶・領地没収といった憂き目を見ぬよう、身命を賭すのが「もののふの道」である。こう考えると生麦事件は、島津家警備役の正当な行為と見ざるを得ない。

しかも、生麦事件の本質は、こうした文化や認識の相違だけのことではない。日本国内の交通法規が、ダブル・スタンダード（二重規範）になっていたのである。

通商条約第三条では、外国人の通行権を「六郷川（川崎の一キロ江戸寄り）まで」と認めていた。だからイギリス人たちが、

「条約に規定された範囲内の遊歩区域で平穏な騎乗を楽しんでいた無防備な英国人を殺害したのは許せない。条約を遵守しない野蛮人には、実力行使を以てでも、条約遵守の重要性を思い知らせるべき」

と激昂したのは無理からぬところである。イギリス人は欧米諸国民のなかでもとりわけ遵法意識が高く、条約で認められた範囲内の権利は存分に享受すべき、と考えたようだ。

わからぬ訳ではないが、日本側には深い事情があった。

大名行列と参勤交代は、幕藩体制の根幹を支える基本制度だったのである。

戦国の世を統一した徳川幕府は、地方に割拠する半ば独立政権である諸大名を統制するため、大名の妻子を人質として江戸へ置き、大名を一年毎に江戸へ呼びつける参勤交代を義務付けていた。徳川幕府は参勤交代制度により諸大名を隔年毎に国元から引き離し江戸に置いて監視すると同時に、国元との往復に膨大な旅費支出を強いて財政蓄積を阻害し、幕府に対する反乱を未然に防止してきた。

参勤交代制度を導入した以上、当然、大名行列が付き物である。

諸大名に多額の出費を要する大名行列を強いた幕府は、その代償として、道中の「斬り捨て御免の特権」を与えた。大名行列を乱す挙動不審の者がいれば斬殺して構わないとしたのである。この結果、道中の町人たちは、大名行列が来れば家のなかへ入って戸を閉めたり、土下座して攻撃意思がないことを示した。

だから諸大名は道中の警護を心配せず、街道筋を歩いてさえいけばよかった。江戸時代を通じて、領民が大名に反抗する百姓一揆は頻繁にあったが、行列中の大名が襲われたケースは無い。これが「斬り捨て御免」の効用である。

このように、参勤交代に付随した大名行列に付与された「斬り捨て御免の特権」は、幕藩体制を維持するうえで必要な国内交通法規だったのである。

しかしながら、当時、唯一、「東海道の程ケ谷（現横浜市保土ヶ谷区）～六郷川間」においてのみ、通商条約が定める「外国人の指定地域内自由通行権」と幕府が諸大名に与えた「大名行列の斬り捨て御免の特権」が、二重に交錯したまま、併存していた。

つまり東海道の程ケ谷～六郷川間における交通法規は、相矛盾するダブル・スタンダードとなっていたのである。

イギリスの賠償要求

さて、生麦事件が原因で薩英戦争が起きるのだが、実はその間、一年を経過している。この一年の間に、事件処理について様々な動きがあった。

生麦事件の速報が横浜在留のイギリス商人たちに伝えられると、憤激したイギリス商人たちは艦隊司令官や各国公使らを訪問し、

「警備隊や水兵を動員して、程ケ谷で宿泊中の島津久光一行を襲撃すべし」

と息巻き、直ちに強硬措置を採るよう要求した。

このときイギリス公使オールコックは、幕府遣欧使節を迎えてロンドン覚書を締結するため、本国に一時帰国中で留守だったため、イギリス代理公使ニール（陸軍大佐）が事件処理に対応した。ニール代理公使は冷静な能吏だった。

横浜にいたニールにとって、この事件は、イギリス本国から、

「日英間でロンドン覚書を締結した」

との知らせを八月に受けた直後の出来事だったから、ニールは面食らったに違いない。上司のオールコックは、かつて清国では砲艦外交で鳴らしたものの、今回は日本の国情に合わせて、幕府に対し「飴玉・太陽・蛍狩り」懐柔外交の宥和政策で臨んでいる。そのクライマックスのロンドン覚書が、めでたく成立した直後である。

横浜在留のイギリス商人たちがいかに激昂しようとも、留守を預かる代理公使としては、上司のオールコックの幕府に対する宥和政策の大枠を踏み外すことはできようはずもない。

そのうえ横浜には、イギリス軍艦は四隻のみ。イギリス東洋艦隊は、アジア全域に軍艦を分散配置していたのだ。

ニールは、復讐を叫ぶイギリス居留民の熱気にあおられて郵便船や外輪老朽艦を含むたった四隻で事を起こすほど、軽率ではなかった。

ニールは、慎重に対処しながら事件を本国へ報告し、外務大臣ラッセルに、「事件が増加している折りから、貴卿の指示を仰ぐものです。指示を受け取るまでは、いかなる外圧や住民の不評にも屈することなく、国家的利害に立脚する所存です」と訓令を仰いだ。公使の留守を預かる代理公使としては、まずは手堅い処置である。

外務大臣ラッセルはニールからの書簡を、船便によるため時間が経過し西暦十一月二十七日に受け取った。そしてその「処理策骨子」として、

一、島津久光の左遷か格下げ
二、薩摩藩家来の五人以上の死刑
三、十万ポンドの賠償金

を要求し、要求が通らない場合は開戦、との私案を策定した。

外務大臣ラッセルは、その私案をもとに、帰国中のオールコック公使、パーマストン首相、さらにヴィクトリア女王を交えて対日政策を検討し、西暦十二月二十四日に最終案を決定した。

こうして決定された通達の内容は、

一、幕府に対し、「正式な謝罪と十万ポンドの賠償金支払い」を要求する

二、薩摩藩に、「犯人逮捕・死刑執行と二万五千ポンドの賠償金支払い」を要求する
三、要求が実行されなければ、英国艦隊により報復攻撃を行う

であった。

文久三年（一八六三年）二月にイギリス軍艦八隻が横浜へ入港し、ニール代理公使にイギリス本国の訓令を渡した。結局、横浜のイギリス軍艦は十二隻に増強され、勢揃いしたイギリス艦隊が周囲を威圧した。

訓令を受け取ったニールは、早速、幕府に、

「条約に規定された遊歩地域で無抵抗のイギリス人が殺害されたのは幕府の責任である」

と賠償金十万ポンドを要求し、二十日以内に返答するよう求め、

「要求を容れないときは、イギリス艦隊司令官は賠償金を得るに必要な措置を採る」

と、威嚇した。ニールは、イギリス本国の指示のもと、十二隻のイギリス艦隊をバックに戦闘準備を整え、幕府に最後通牒を突きつけたのである。

だが幕府はこのとき、内政面で苦境にあった。

すなわち将軍家茂は、四カ月前の文久二年十月に勅使三条実美から下された攘夷の勅命に対し具体的方策を申し述べるため上洛するところであり、その江戸出発日が文久三年二月十三日だったからである。

一方アメリカは、このやり取りを冷ややかに眺めるしかなかった。

南北戦争の長期化により対外的な交渉力を喪失したアメリカは、岡目八目ともいうべき立場となっていた。アメリカ公使プリューインは、イギリス代理公使ニールが幕府に最後通牒を突きつけた事態について、アメリカ本国政府に対し、

「イギリスの要求は誠に悪い機会に提出された。条約に不満であるミカドの勅命により、タイクンが上洛し外交方針を定めようとしている際であるから、イギリスの要求はタイクンの立場を不利にさせるであろう。日本の国情、日本人の感情から見れば、イギリス人を斬ったことには充分な理由がある。自分としても、イギリスの要求は承認し難いと感じる。もし日英間で戦争が起こると、日本人にはアメリカとイギリスの区別がわからないからアメリカ市民も危険である」

との分析を報告している。

薩英戦争

イギリス代理公使ニールが幕府に最後通牒を突きつけた文久三年二月、将軍家茂が朝廷の要求する攘夷実行の具体策を上奏するため、幕兵三千人を引き連れ、京都へ向けて出発した。既に見たように、京都へ入り朝廷から攘夷を強要された将軍家茂は、「攘夷開始日は文久三年五

月十日」と返答する羽目に陥る。さすがに、開国路線を採る幕府としても、排外主義の朝廷への手前、イギリスが要求する賠償金支払いに応じる訳にはいかなかったのである。

このため幕府とイギリスの間に危機が迫り、戦争の回避は不可能に思えた。

この難局を打開したのが、老中格小笠原長行である。

イギリスと一触即発の状態になったことを憂慮した小笠原は、かつて阿部正弘に抜擢され今は隠居中の元外国奉行水野忠徳の意見を徴した。水野は江戸城での大評定で、ただ一人、熱弁を以て持論を展開した。その要旨は、

「朝廷の命令に従って攘夷は行う。しかし生麦事件は、攘夷問題とは次元の異なる偶発事故であるから、事故として賠償金を支払うべきだ」

というものだった。

結局この賠償金支払いは、朝廷や攘夷派への配慮から、老中格小笠原長行の独断専行という形にして、五月九日、すなわち攘夷決行開始の前日、賠償金十一万ポンド（うち一万ポンドは東禅寺事件賠償金）を銀貨で支払うことになった。幕府は、水野忠徳の弁舌と小笠原長行の胆力により、イギリスとの戦争を回避したのである。

賠償金十一万ポンドは、四十四万ドルの銀貨として、大八車二十三台でイギリス艦隊へ運ばれていった。

だが、薩摩藩との問題は未解決である。

ニールは、クーパー提督率いる七隻からなるイギリス艦隊の旗艦ユーリアラス号に座乗して六月二十七日に鹿児島湾内へ入り、薩摩藩に「生麦事件犯人（奈良原と海江田）の死刑と賠償金二万五千ポンド」を要求し、「回答期限は二十四時間以内」と通告した。

これに対し薩摩藩は遁辞を弄し、イギリスの要求を、のらりくらり、とかわした。

薩摩藩には、下手人の処刑に応ずる意思などまったく無かったからである。それどころか薩摩藩は奈良原と海江田に、ニールとクーパーを殺害するためスイカ売りの格好をさせイギリス船に乗り込ませようとした（水兵に怪しまれ失敗）。

くどいようだが、東海道の程ケ谷～六郷川間の外国人自由通行権を認めた通商条約は、違勅の条約であり、国内的合意ともいうべき批准が、実質上、成されていない。

だからこうした場合、

「斬り捨て御免の国内法が優先される」

と考えられた。薩摩藩としても奈良原喜左衛門や海江田武次の罪を問うことは法理的に不可能であり、イギリスと薩摩藩の戦争は不可避となったのである。

回答期限はとっくに過ぎ、業を煮やしたニールは七月二日払暁を以て攻撃を開始することとし、同日早朝、イギリス艦隊は鹿児島湾内に碇泊していた薩摩藩の汽船天佑丸、青鷹丸、白鳳丸を拿捕した。これら三隻は薩摩藩がもつ蒸気船のすべてで、総額三十一万ドルを投じて購入した薩摩藩自慢の宝物だった。三隻拿捕の報告を聞いた薩摩藩本営は、これをイギリスの宣戦布告と見なして開戦を決意。同日正午頃、薩摩藩の十カ所の砲台から八十三門の大砲がイギリス艦隊を砲撃した。

緒戦は薩摩藩が優勢だった。旗艦ユーリアラス号の弾薬庫の前には、賠償金として幕府から受領した大八車二十三台分の銀貨が詰まった銭箱の山がうず高く積み上げられ、弾薬庫の扉を開くのに一時間以上もかかり、応戦に手間取ったからである。パーシュース号は数発の命中弾を受け、錨鎖（びょうさ）を切って碇泊地を離れ、レースホース号は、浅瀬に乗り上げて動けなくなった。旗艦ユーリアラス号は艦橋や甲板に命中弾を受け、艦長ジョスリング大佐と副長ウィルモット中佐が戦死。艦隊は大混乱に陥った。

しかし同日午後三時頃、形勢は逆転した。

イギリス軍艦に装備されたアームストロング砲が史上初めて実戦に使用され、射程距離三千六百メートルの威力を遺憾なく発揮したからである。さらにパーシュース号が放った火箭（かせん）（ロケット）により、鹿児島市街に大火災が発生した。翌日以降も砲戦が交わされ、薩摩藩の諸砲台は破壊され、鹿児島市街も焼かれた。二日後の七月四日に至り、イギリス艦隊は鹿児島湾から引き上げていった（イギリス側は死者十三名、負傷者五十名。薩摩側は戦死者一名、流れ弾で四名死亡）。

結局、薩摩藩はイギリスと講和することとなり、薩摩藩は賠償金二万五千ポンド（十万ドル＝六万三百三十三両）を、幕府から借用してイギリスに支払った。

幕府勘定方は、財政窮乏の折り、「また金銭が出ていく」と、さぞや嘆いたことだろう。

なお、薩英戦争について教科書は、申し合わせたように、「この戦争により薩摩藩は攘夷が不可能なことを悟り、戦後は開国論に転じた」と書いている。これはとんでもない間違いであって、薩摩藩は最初から最後まで……一貫して開国派なのである。鎖国下、積極的に密貿易を行って富を蓄えたのが、薩摩藩なのである。攘夷を唱えて運動したのは長州藩であって、見当違いのことを書いているのは誠に遺憾といわざるを得ない。

四国艦隊下関砲撃事件

薩英戦争が終息して半年後の元治元年（一八六四年）一月二十四日、イギリス公使オールコックがロンドンから戻り、ニール代理公使は任を解かれて本国へ帰国した。

オールコックは、以前、公武合体という日本政局の安定のなかで幕府に対する「飴玉・太陽・蛍狩り」懐柔外交を展開し、その総仕上げとして本国へ帰国して幕府遣欧使節団を受け入れ、ロンドン覚書の調印にあたったのだが、約二年ぶりに日本へ帰任してみると、日本の政情は帰国前とは様変わりの大変動を起こしていた。

それは、長州藩の変貌である。

オールコックがイギリスへ帰国した文久二年（一八六二年）二月頃、長州藩は『航海遠略策』

の長井雅楽の絶頂期で、幕府の開国路線に同調していた。しかし長州藩では、その後、久坂玄瑞ら攘夷急進派の勢力が急速に伸長し、長井雅楽は久坂から、

「航海遠略策は、外夷との交易を許す勅状を下させようとしたもので、言語道断」

と批判され、文久二年六月に失脚、翌文久三年二月には切腹となった。

長井が失脚すると長州藩は攘夷一色に染め上がり、前述のとおり、長州藩攘夷急進派は文久三年五月に下関海峡通過中のアメリカ商船・フランス軍艦・オランダ軍艦を砲撃し、アメリカ軍艦とフランス軍艦から報復攻撃を受けた。

だが長州藩攘夷急進派は、へこたれるどころか、アメリカ軍艦とフランス軍艦の攻撃で破壊された前田砲台や壇ノ浦砲台など主要砲台を修復し、下関海峡に面する長州藩領内の諸砲台を再構築した。しかも、対岸の九州小倉藩領も武力占領して小倉側にも砲台を建設した。長州藩攘夷急進派は、大砲の射程距離の短さを、本州長州藩領の砲台と九州小倉側の砲台との、挟み撃ちによってカバーする態勢を取り、外国船の下関海峡通過を阻止しようとしたのだ。


日本へ帰任したイギリス公使オールコックは、長州藩の攘夷への強い意志を見て、対日外交を立て直す必要に迫られる。

実は、オールコックは日本への帰任に際し、外務大臣ラッセルから、

「貿易確保のためなら海軍力を使用しても構わない」

と指示されていた。

ロンドン覚書によって通商条約の条件を緩和するという「飴」で幕府に恩を売ったオールコックは、長州藩攘夷急進派に対しては武力を用いることにした。すなわち「鞭」である。

まずオールコックは、対日外交に先鞭を付けたアメリカが南北戦争で身動きできない機を捉えて、唯一の覇権国家イギリス主導により対日外交をリードすることとし、米仏蘭を誘い、「貿易を妨害している封建貴族とその家臣に打撃を与え、彼らが懸命に拡張している軍備が文明諸国の武力に対していかに無力であるかを知らしめ、列国に対する敵対行動がいかに危険で愚劣であるかを実地に示してその迷夢を醒まさせるため、敵対行為を続けている長州侯に積極的に武力を用い、その砲台を粉砕し、その暴行をこらしめるべきである」

と説き伏せた。オールコックは「米英仏蘭による四国艦隊を下関へ派遣して長州藩を攻撃しよう」といったのである。

しかしオールコックの対応は、どう見てもやり過ぎ、といえる。

長州藩攘夷急進派が下関側と小倉側に砲台を築き下関海峡が封鎖されたことは列強にとって不都合ではあるが、幕府は開国方針を堅持している。従って、長州藩が攘夷を実行したとしても、これはあくまでも日本の国内問題である。

しかるに「四国艦隊で長州藩を討つ」となれば、それは最早、内政干渉である。

加えて、イギリス船が長州藩から攻撃を受けた訳ではない。

長州藩から攻撃を受けたのはアメリカ商船・フランス軍艦・オランダ軍艦であり、アメリカとフランスによる報復攻撃は既に済んでいる。それなのにイギリスは、アメリカ・フランス・オランダを誘って下関攻撃を行うのである。当然、

「何故、イギリスがシャシャリ出るのか？」

という反発が起きた。

そこに世界の覇権国家イギリスの奢りがあった。

そしてこうしたイギリスの行為は、当時の日本人に、

「イギリスは彦島でも獲るつもりなんだろう」

といった素朴な疑念を生じさせるのである。

ちなみに彦島は下関海峡の要衝として知られていた。


イギリス公使オールコック主導のもと、アメリカ（A）、イギリス（B）、フランス（F）、オランダ（D）はABFD四国連合を結成し、四国連合艦隊十七隻は、元治元年（一八六四年）七月二十七、二十八日、下関へ向けて横浜を出航した。十七隻の内訳はイギリスがユーリアラス号やパーシュース号など九艦、フランスがセミラミス号やタンクレード号など三艦、オラン

ダがメジュサ号など四艦、アメリカがタンキアング号一艦。四国連合艦隊はイギリス主導だった。

これに対し、長州藩は存亡の危機に立たされていた。

長州藩は七月十九日の蛤御門の戦いに敗れ、京都御所へ発砲したことで朝敵となり、長州藩追討令が七月二十三日付けにて禁裏守衛総督一橋慶喜に下されたからである。

幕府は中国・四国・九州の二十一藩（のちに三十五藩に拡大）に出兵準備命令を下し、征長総督に前尾張藩主徳川慶勝、征長参謀に薩摩藩軍賦役西郷隆盛を任命した。軍賦役とは藩兵の統率にあたる役目である。西郷は、先の蛤御門の変で薩摩藩兵を督戦した際の活躍が目覚ましく、抜擢されたのである。

こうした国内情勢だったから、下関海峡の封鎖解除問題は、開国路線の幕府が大軍を以て朝敵となった長州藩を屈伏させたあと、列強が幕府を通じて圧力をかければ何の問題もなく解決するはずだった。なにも四国連合艦隊がシャシャリ出る必要はなかったのだ。

八月五日、下関海峡に到着した四国連合艦隊は直ちに攻撃に移った。

憐れむべし、長州藩は、四国連合艦隊から攻撃を受けると同時に、朝敵として幕府・諸藩連合軍からも集中攻撃されることになり、腹背から攻撃に晒される最悪の事態となったのである。

ところが、幕府から征長出兵準備命令を受けた諸藩のなかに、出兵にとまどいを見せる藩主が現われ、芸州（広島）藩主や因州（鳥取）藩主たちが、

「長州藩が外国からの攻撃に対して戦っているのに、長州藩を助けようとする者がいない。こ

れは日本人の恥である」

などといい出したのだ。

彼らは、長州藩が外国軍隊から攻撃を受ける以上、

「長州征伐といった内戦は中止し、幕府と諸藩は長州藩を助けて、外夷と戦うべき」

と考えたのである。オールコックが企画した四国連合艦隊の長州藩攻撃は、芸州藩主・因州藩主といった中立派の藩主たちの心に、「われわれは日本人なのだ」という素朴なナショナリズムの火を灯すと同時に、幕府に対する懐疑心と反感を生じさせたのである。

五日午後から四国連合艦隊は長州藩砲台への砲撃を行い、長州藩の砲台は破砕され弾薬庫は爆発した。翌六日以降、四国連合艦隊からイギリス軍二千人、フランス軍三百五十人、オランダ軍二百人、アメリカ軍五十人が続々と上陸して前田砲台・壇ノ浦砲台を占領し、兵舎を焼き、大砲を破壊し、民家を焼き尽くした。

たまらず長州藩は降伏した。

賠償金三百万ドル

イギリスは講和条件として長州藩に、

一、外国船の下関海峡通過の安全確保
二、石炭、食物、水等の売渡し
三、下関海峡で風波の難にあった外国船の上陸許可
四、台場の新設禁止と旧台場の修復禁止
五、賠償金三百万ドルの支払い

の五条件を要求した。このうち第一項から第四項までの四条件にさしたる問題はなかった。紛糾したのは、第五項の賠償金問題である。

賠償金三百万ドルは、法外に苛酷な金額だった。一口に三百万ドルというが、既に見たように、幕府が海軍建設のため要した軍艦購入総費用が百四十二万ドルである。この巨額な出費のため幕府財政は破綻し、幕府瓦解の遠因となるのだ。

また幕府が慶応三年（一八六七年）にオランダから購入した軍艦開陽丸の購入代金が四十万ドルだった。開陽丸は、ペリー艦隊の旗艦サスケハナを凌ぐ優秀艦である。三百万ドルあれば、開陽丸級の強力軍艦が七隻も買え、大海軍を建設することができる。賠償金三百万ドルとは、こうした天文学的な金額だったのである。

講和交渉に臨んだ長州藩偽家老、宍戸刑馬（ししどぎょうま）こと高杉晋作は、黄色の鎧直垂（よろいひたたれ）に陣羽織、黒い烏帽子をかぶって交渉に臨み、

「賠償金三百万ドルは長州藩の財源をはるかに越えるもので、支払い能力はない」

と頑強に突っぱねた。このときの高杉晋作の談判は真に迫っており、イギリス側は、魔王のような男だった、と記録している。

一方、クーパー提督は、高杉晋作の抵抗に対し、

「諸君はあらかじめ弁償額を計算に入れて事を構えるべきだった。長州藩が勝手に戦争を仕掛けたのだから、出された勘定書は支払わなければならない」

と応酬した。

宍戸刑馬こと高杉晋作は、「無い袖は振れない」といった。それも現実だ。

クーパーは、「賠償義務は果たさなければならない」といった。それも道理だ。

現実と道理は真正面からぶつかった。

すると高杉晋作は、次にクセ球を投げ、

「長州藩の攘夷行動は、朝廷と幕府の命令を実行しただけ」

といい出したのである。

するとオールコックとクーパーは、この高杉晋作の屁理屈を受け入れ、賠償金三百万ドルを幕府に請求することとした。

オールコックとクーパーが幕府に賠償金支払いを請求した理由は、

「長州藩の外国船砲撃は幕府の命令によって行われたから、幕府に監督責任がある」

というものだった。こうして、高杉晋作の機略により、長州藩は、自らの戦争責任を、幕府に責任転嫁することに成功した。

しかしこれは、相当、無茶な話だ。

実際、幕府は開国路線を採っている。それに対し長州藩は、朝廷に工作して攘夷決行の日を決めさせた。それに幕府は、

「日本側からは攻撃を仕掛けないよう」

諸藩に布告していたにもかかわらず、長州藩はそれに背いて外国船を砲撃した。

だからイギリスが、長州藩が支払うべき賠償金三百万ドルを幕府に請求したのは、誰が見ても筋違いである。

イギリスはこうした事情を承知していながら、賠償金三百万ドルを幕府に請求したのだ。

イギリスは、「賠償金は取れるところから取れば良い」と安易に考えたのかもしれないが、このことは、幕府と長州藩の対立を抜き差しならないものとした。

幕府はこうして、

「親のいうことを聞かず、荒くれ者に喧嘩を吹っ掛けたドラ息子の尻拭いに、多額の損害賠償金を請求される」

こととなった。

幕府勘定方は、「莫大な金銭が出ていく」と、またも嘆いたことだろう。

第一次長州征伐

高杉晋作の機略により賠償金支払い義務を幕府に転嫁し四国連合艦隊との講和を果たして第一の危機を脱した長州藩に、第二の危機が迫っていた。

四国連合艦隊に完敗した長州藩に対し、追い打ちを掛けるように、幕府の第一次征長軍の総攻撃がこの元治元年（一八六四年）十一月に予定されていたのである。

存亡の危機を迎えた長州藩では、攘夷派と保守派の対立が深刻化した。

かねてより攘夷急進派の冒険主義を苦々しく見ていた保守門閥派のリーダー椋梨藤太（むくなしとうた）が幕府への恭順を唱え、長州藩主一門の岩国領主吉川経幹（きっかわつねまさ）の支持を得て藩の実権を掌握する。長州藩の政庁は、元治元年十月三日、攘夷急進派の牙城の山口から椋梨藤太ら保守門閥派の本拠である萩へ移り、藩主父子も萩へ移動し、藩の要職は保守門閥派によって占められた。

長州藩内の力関係は大きく変化し、攘夷急進派は弾圧され、高杉晋作が手塩にかけた奇兵隊等諸隊に対して十月二十一日付けで「諸隊解散令」が発せられた。身の危険を感じた高杉晋作は、十月二十四日夜、萩城下を脱出し、十一月一日博多へ逃れて潜伏したが、その際、同志に、「自分が死んだら葬式には芸者を集めて三味線を鳴らしてほしい」と手紙に書いている。

征長参謀西郷隆盛は、こうした長州藩内の保守門閥派と攘夷急進派の対立を見て、自らの政

局眼を、薩摩藩家老小松帯刀に対して、

「長州藩内が二派に分かれていることは天の賜物と申すべきである。対立しているものを、ともに死地へ追いやることは、誠に無策というべく、実に拙い次第である」

と披瀝した。このとき西郷隆盛は、島津久光の家来であることを超え、島津久光の私兵ともいうべき剽悍強壮の薩摩兵児数千人を、自ら率いるようになっていた。二人の器の違い、といってしまえば身も蓋も無いが、久光が「大事な家来を西郷に盗られた」と感じるようになったのは、この頃である。

西郷は早速動いた。

総攻撃予定日の十五日前の十一月三日、西郷は椋梨藤太を支持した長州藩主一門の岩国領主吉川経幹との間で講和条件をまとめ上げた。その講和条件とは、

一、蛤御門の変の責任者である三家老切腹
二、三条実美ら五卿の他藩への移転
三、山口城の破却

などである。

長州藩主は福原越後、益田右衛門介、国司信濃の三家老に切腹を命じ、その首級が広島の征

長軍に届けられると、総督府は諸藩に総攻撃延期を通達した。このとき征長総督徳川慶勝は広島に到着していなかったが、征長参謀西郷隆盛は独断で講和してしまったのである。この後、広島本営に到着した徳川慶勝は、とくに成すべきこともなく西郷の処置を追認し、十二月二十七日、第一次征長軍の解散・撤兵令を発した。

こうして第一次長州征伐は、始まることなく終わった。

だが幕府内部では、一戦もせずに撤兵した征長軍の穏便な措置に反発の声が上がった。幕府は長州藩の代わりに三百万ドルもの膨大で過酷な賠償金を支払わねばならないのである。

そこで幕府は大目付大久保一翁を派遣し、征長総督徳川慶勝に、

「江戸表より下知（げち）あるまで征長軍を撤兵させてはならぬ」

と申し入れさせたが、慶勝は、

「最早今となってはどうにもならぬ」

といい捨てて、領国尾張へさっさと帰ってしまった。この無責任さに強い不満をもった一橋慶喜は、

「総督の英気は至って薄く、芋（薩摩のこと）に酔い候は、酒よりもはなはだしきとの説、芋の銘は大島（大島へ流され大島三右衛門を名乗った西郷隆盛のこと）とか申す由。実事に候や」

と記している。

これが一橋（徳川）慶喜と西郷隆盛の対決の始まりである。

長州藩に対する実際の処分は、結局、何も行われなかった。

西郷隆盛は「長州藩領を十万石削減し藩主父子は隠居」との案を示し、総督府も「周防国を没収」との案を出したが、結局いずれもうやむやになった。

功山寺決起

第一次長州征伐が停戦となり、藩境に重圧を加えていた征長軍の大軍が撤兵すると、長州藩では攘夷急進派が、たちまち息を吹き返した。

元治元年（一八六四年）十二月十五日深夜、下関へ戻っていた高杉晋作が長府の功山寺に八十人を集めて決起した。このとき高杉晋作は小具足に身を固め烏帽子型の兜を首に掛け、辺り一面には雪が積もり、それを月が照らしていたという。

高杉晋作

高杉は決起の成功を危ぶんで参加を迷う同志たちに対し、「真（まこと）があるなら今月今宵。明けて正月、誰も来る」といってすみやかな参加を促したという。
高杉の決起集団は下関や山口の豪商、豪農の支援を受け、また山県有朋（当時は狂介）のようにあとから参加する者も増え、遊撃隊・力士隊・奇兵隊・八幡隊・南園（なんえん）隊・御楯隊などの諸隊も呼応して徐々に膨らみ、千人とも三千人ともいわれる大集団となった。

年が明け慶応元年（一八六五年）一月になると、幕府への恭順路線を採る保守門閥派と、高杉晋作や山県有朋ら攘夷急進派諸隊との対立は、不可避となった。

奇兵隊軍監山県有朋は、一月七日未明、絵堂（現山口県美東町）へ進出した保守門閥派の撰鋒隊（せんぽう）を奇襲して破り、攘夷急進派諸隊は二月十四日には萩城下へ迫る勢いとなった。この長州藩内の戦いで攘夷急進派諸隊が勝利を収めると、政庁は萩から再び山口へ移り、保守門閥派のリーダー椋梨藤太は斬首される。

かくして長州藩内が攘夷急進派一色に染まると、高杉晋作や伊藤博文（当時は俊輔）、井上馨（当時は聞多）らが政庁を牛耳るようになり、蛤御門の変のあと但馬の出石（いずし）に潜伏していた桂小五郎が四月二十六日に帰藩する。

彼ら攘夷急進派が真先に取り組んだのが、軍制近代化だった。

周防国鋳銭司（すぜんじ）村字大村の村医者の家に生まれ、大坂へ出て緒方洪庵の適塾に学んだ大村益次郎（当時は村田蔵六）が長州藩兵学教授となり、上海へ渡って長州藩軍艦壬戌丸を密売し、その代金で多量の小銃を密輸入して四月二日に帰藩した。大村益次郎の兵制改革とは、密貿易によって入手した多量の小銃による長州藩内の皆兵武装化だった。上海から多量の小銃を密輸入した大村益次郎は、その功により防禦掛（ぼうぎょがかり）兼兵学校用掛に任じられ、さらに御用所役・軍政専任に取り立てられ、百石を給されて第二次対幕府戦では石州（島根）口参謀となる。

このような動きに、幕府は強い不信感をもった。

長州藩の暴発的攘夷により三百万ドルという莫大な賠償金を支払う羽目となった幕府が、懲(こ)りずに藩内の皆兵武装化を進める長州藩攘夷急進派を捨て置くはずもなく、慶応元年四月、

「長州藩において容易ならざる企てがある」

として第二次長州征伐を決定。五月十二日、征長先鋒総督に紀州藩主徳川茂承(もちつぐ)を任命し、彦根藩等に従軍を命じたのである。

幕府は、第二次長州征伐には本腰を入れた。将軍家茂は、五月十六日、陣笠をかぶり錦の陣羽織・小袴を着て馬に打ちまたがって自ら出陣し、老中・若年寄・幕臣・諸藩主・諸藩兵を随行させ、歩兵・騎兵・砲兵を従えて江戸城を出発し、東海道を西上。翌閏五月に入京した将軍家茂は、参内して孝明天皇に、

「長州藩は一度服罪したのに、その後、激徒が再発に及び、外国へ渡って大砲・小銃等を仕入れ、密貿易の疑いもある」

と第二次長州征伐の理由を述べ、その後、大坂城へ入って大本営とした。

イギリス公使パークスの強硬姿勢

将軍家茂が大坂城へ入った慶応元年（一八六五年）閏五月、政局はまたまた暗転する。

イギリスが突然幕府に厳しくあたるようになったのである。

この閏五月、駐日イギリス公使が交代し、オールコックの後任として上海領事から昇任した新公使パークスが長崎に到着した。パークスは二十余年も清国に滞在し、広東領事としてアロー号事件に火をつけ、清国に戦争を仕掛けて広東の街を砲撃し、天津条約を結ぶもとを作った人物である。

この閏五月頃、イギリスと幕府の最大の外交懸案事項は「金銭の問題」であり、これが幕府に重くのしかかっていた。それは勿論、「下関戦争賠償金三百万ドル」のことである。

幕府財政にとって三百万ドルは法外に過大で過酷な天文学的金額であり、財政窮乏に喘ぐ幕府にとって政権を揺るがす大問題だった。

財政逼迫に悩む幕府はこの三百万ドルを五十万ドルずつ六回に分割し、年四回、一年半かけて支払うこととした。そして幕府は、まず第一回分五十万ドルを、パークスが着任した二カ月後の、慶応元年七月に支払った。しかし幕府財政は極度に逼迫して破綻に瀕しており、第二回目以降について支払い不能の事態に立ち至ったのだ。

そこで幕府は、第二回目以降の支払延期を各国に要望した。

こうして「下関戦争賠償金第二回目以降支払延期問題」が日英間の最重要外交課題となったのである。

そして八月、新任のイギリス公使パークスは、ラッセル外相から下関戦争賠償金第二回目以

降支払延期問題に関する訓令を受け取った。ラッセル外相の訓令は、

「幕府の支払い延期要望を拒否し、一八六六年（慶応二年）内に全額支払うよう要求せよ。ただし、①ロンドン覚書により一八六八年一月一日（慶応三年十二月）に延期した兵庫開港・大坂開市を一八六六年一月一日（慶応元年十一月十五日）に繰り上げること、②幕府に、朝廷からの通商条約勅許を得させること、③関税引下げ、の三条件が承認されるなら、支払延期または賠償金減額に応じて良い」

との内容だった。かなり厳しい要求である。

前任のオールコックの「飴玉・太陽・蛍狩り」懐柔外交の撤回である。

ラッセル外相は、手のひらを返して幕府に辛くあたるようになり、幕府は、

「イギリスから強烈なパンチを浴びせられて」

苦しい立場に立たされたのである。

長州藩攘夷急進派は、開国路線の幕府の意向に背いて外国船を砲撃し、その三百万ドルという天文学的賠償責任を幕府へ転嫁したうえ、性懲りもなく武器密輸入と藩内の皆兵武装化を進めている。幕府がこれを膺懲(ようちょう)しようとした矢先、イギリスは幕府に強烈なパンチを放ったのだ。

これでは、イギリスが長州藩と組んで幕府を窮地に追い込んでいるように見える。

こうして幕府は、最大の難問に直面した。

このとき将軍家茂は、大坂城内にいた。

イギリス公使パークスをはじめ四国の公使たちは、慶応元年九月、軍艦九隻に乗って兵庫沖へ移動し、在坂の幕府首脳陣にこの要求を突きつけ、

「七日間の期限内に回答がなければ、四国公使は入京して、直接、朝廷と談判する」

と通告したのである。

条約勅許

大坂城の幕閣は混乱した。大坂で四国公使との交渉にあたった老中阿部正外(まさと)は、

「四国公使が入京して直接朝廷と談判すれば、攘夷派の公家衆と衝突し、戦争になりかねない」

と考え、イギリスなど列強との戦争を回避するには、

「勅許のないままの兵庫開港もやむを得ない」

とし、大坂城内での九月二十五日の幕議で、幕府の専断による兵庫開港を決定した。

しかし翌朝、禁裏守衛総督一橋慶喜が京都から大坂城へ乗り込んできて、

「勅許を得ないままの兵庫開港では、攘夷派を抑えられない」

と阿部正外の決定に大反対した。京都にいて朝廷の厳しい姿勢を肌で感じていた慶喜は、勅許を得ないままの兵庫開港では攘夷派だけでなく、

「諸侯会議開催を唱えて政治参加を目論む開国派の有力諸大名までを敵に回し、火に油を注ぐ

結果となって、政局の収拾は困難」

と考えたのである。

かくして大坂城内の将軍家茂の面前で、無勅許の兵庫開港を主張する阿部正外と、兵庫開港の勅許取得を主張する一橋慶喜の互いに譲らぬ激論となった。

このとき両者の論争に最終的裁可を下すべき将軍家茂は、進退極まり、

「しきりに御落涙。どうとも致しくれ候よう、仰せい出され」

て匙を投げ出す惨状となった。

この混乱のさなか、ささやかな朗報がもたらされた。兵庫沖の外国艦隊へ赴いて、

「回答期限を少しでも延期してもらえるよう」

交渉していた若年寄立花種恭（たねゆき）が、四国公使の理解を得て、回答期限を十日間猶予することに成功したのである。

一橋慶喜はすぐさま動いた。

慶喜は参内して朝議の開催を要求し、十月四日夕方から小御所（こごしょ）で簾前（れんぜん）会議が開かれ、公卿側から関白二条斉敬・右大臣徳大寺公純・内大臣近衛忠房・賀陽宮・山階宮らが、幕府側から一橋慶喜・京都守護職松平容保・京都所司代松平定敬（さだあき）らが列席した。

慶喜は、

「条約勅許がない場合、たちまち戦争になり、そうなれば敗戦は明らかであり、わが国は外国

の属国となり、皇位の安泰も難しい」

と熱弁を振るって、公卿衆を説得した。

朝議は十月五日夜まで一昼夜続き、最後に慶喜が、

「かくまで申し上ぐるも、（勅許の）御許容なきにおいては、某は責を引いて屠腹すべし。某が一命はもとより惜しむに足らざれども、某もし命を捨てなば、家臣ら各方へ向かいて、如何なることを仕出かさんとも知るべからず。その御覚悟あるうえは御存分に計らはせらるべし」

とまでいい切った。

すると最後まで決定の先送りを模索していた公卿衆も抵抗をやめ、孝明天皇も、

「戦争になっては致し方ない」

と決断され、慶応元年（一八六五年）十月五日、

「条約の儀、御許容あらせられ候間、至当の処置を致すべきこと」

との勅書を出された。

孝明天皇が通商条約の勅許を下したのちは、長州藩・薩摩藩・土佐藩などの攘夷派テロリストによる異人斬り、外国公使館襲撃、外国船砲撃などはぴたりと止んだ。

ここに聖断の重みがあり、勅許の威光がうかがわれる。

なお四国公使が要求した兵庫開港については、

「兵庫（開港）の儀は、止められ候事」

と許可されなかったが、軍艦で兵庫沖まで進出していたパークスら四国公使は、一応、満足して江戸へ戻った。

こうして、かつて大老井伊直弼や老中堀田正睦が求めて得られなかった勅許は、慶喜の赤誠あふれる熱弁により、実現したのである。

勅許を得た通商条約は、明治の条約改正を経て、昭和十四年（一九三九年）にアメリカが一方的に破棄（通告）するまで、わが国の成長と発展を支えるのである。

第六章

イギリスが薩長を支援

イギリス武器商人グラバー

一方、長州藩は上海ルートで多量の小銃・弾丸・火薬等を密輸入し戦争への準備を進めていた。長州藩の慶応元年五月の武器購入概算は、装条銃（ライフル）千八百挺・剣付銃二千挺分、合計四万六千両という膨大なもので、購入した小銃等は上海―下関の直行ルートや、上海―長崎―下関の三角ルートで運ばれ、船舶がひっきりなしに往復していた。下関には上海から入荷した外国品があふれ、上海には下関から輸出された品物がたくさんあった。下関は小銃・弾丸・火薬など武器密貿易の拠点となったのである。

密貿易には莫大な利益が伴う。外国商人は危険をおかして下関へ集まってきた。

これら武器商人のうち、もっとも代表的なのがイギリス商人トマス・グラバーである。グラバーはスコットランドの高校を卒業すると十八歳で上海へ渡り、二十一歳のとき長崎へやってきて、ジャーディン・マセソン商会の長崎代理人だったケネス・マッケンジーの下で働く商会事務員（クラーク）となった。その後、グラバーはコミッション・エージェントとして独立し、グラバー商会を設立。グラバー商会は第二次長州征伐の戦雲たなびく慶応元年には、社員数十五名を数える長崎で最大の外国商社となった。

長州藩が装条銃千八百挺・剣付銃二千挺という多量の小銃を買い付け、上海から輸入した背景には、国際情勢の大きな変化があった。四年に及んだ南北戦争の終結である。

一八六五年（慶応元年）四月九日に南軍が北軍に降伏して南北戦争が終わり、アメリカで余剰となった最新鋭の小銃が上海あたりへ大量に出回ってきた。

南北戦争は、両軍合わせて動員兵力四百二十万人、戦死者六十二万人（北軍三十六万人、南軍二十六万人）という大戦争であり、最新鋭小銃が大量に生産され、武器史上、小銃の発達に画期的なインパクトを与えた、といわれている。

南北戦争で使用され上海あたりにあふれていた中古小銃は、当時の国際的水準における最も高性能な小銃だった。

ゲベール銃は口径十七・五ミリ、ミニエー銃は口径十六・六ミリ、エンピール銃は口径十四・七ミリ、スペンサー七連発銃は口径十二・五ミリ、スナイドル銃は口径十四・五ミリ。いずれも弾丸は骨を砕き、動脈を損壊し、対人殺傷能力が極めて高かった。

上海を拠点に長州藩への小銃密輸出を最も積極的に行ったのは、上海に強い商圏を確保していたイギリスである。その上海はイギリス武器商人グラバーらの活動の舞台だった。

かつてイギリスが清国へ輸出したアヘンは清国人の健康を害したが、イギリスが長州藩へ密輸出した多量の最新鋭強力小銃は日本人の生命を害するのである。

長州藩の武器密輸入を契機に、幕府と長州藩の間に一触即発の緊張が高まり、第二次長州征伐という内戦勃発の戦雲がただようと、駐日外交官の動きが慌ただしくなり、イギリス・フランス・アメリカ・オランダの四国代表は、慶応元年五月、「四国共同覚書」を作成した。これは、幕府と長州藩との幕長戦争に際し、

一、厳正中立
二、絶対不干渉
三、密貿易禁止

を取り決め、日本に対する内政不干渉を申し合わせたものである。

四国共同覚書のなかでとくに重要なのは、第三項の密貿易禁止条項である。当時、開港していたのは、通商条約が定めたうち長崎・箱館・横浜（神奈川）の三港であり、通商条約で定められた兵庫については、勅許がおりないためいまだ開港されず、外交懸案事項となっていた。だから四国共同覚書がうたった「密貿易禁止＝開港場以外での貿易禁止」とは、イギリスと長州藩の下関における小銃等の武器密輸を、事実上、禁止したことを意味する。

イギリスが長州藩に心を寄せていることは、他の三国にとって周知の事実だった。従って四国共同覚書がうたった「第一項の厳正中立条項」も、「第二項の絶対不干渉条項」も、日本の正統政府であり開国を堅持する幕府に敵対する長州藩をイギリスが支援しないよう、フランス・アメリカ・オランダ三国が牽制したものである。

かつて幕府はオランダのみに長崎での独占貿易を認め、貿易利潤をオランダと幕府が独占する「限定的管理貿易」を行っていたが、今や日米通商条約・日蘭通商条約・日露通商条約・日英通商条約・日仏通商条約が締結され諸外国に対し均等に開国している。だからフランスもアメリカもオランダもロシアも、平等に、日本と貿易ができる。それが機会均等である。

それなのに幕長戦争でイギリスが長州藩を軍事支援し、長州藩が勝って幕府が敗れ長州藩の天下になれば、対日貿易は長州藩を軍事支援したイギリスの独擅場となりかねない。

こうした事態を憂慮したフランス・アメリカ・オランダ三国は、「四国共同覚書」により、日仏通商条約・日米通商条約・日蘭通商条約・日露通商条約・日英通商条約の誠実な履行を申し合わせてイギリスを牽制し、イギリスが武器密輸出で長州藩を支援することがないよう、イギリスに釘を刺したのである。

思い返せば、結局のところ、清国市場は香港・上海を押さえたイギリスが独占してしまい、他の三国は清国市場から、事実上、締め出されてしまった。

とくにフランスには「苦い思い」があった。

フランスはこれまでイギリス外交に追随してきたが、分け前にあずかることはなかった。対清国外交では、広東駐在イギリス領事パークスが仕掛けたアロー号事件に際し、フランスもイギリスとともに一八五七年（安政四年）に清国へ出兵し、さらに一八六〇年（万延元年）にはイギリスとともに大軍を送って清国を屈伏させたが、結果を見ると、イギリスが九龍の割譲を得る戦後処理となって、イギリスが清国市場を独占してしまった。

フランスは、「骨折り損」という結果に終わったのである。


四国共同覚書による密貿易禁止は、長州藩にとって死活問題である。

そこで桂小五郎がグラバーに相談すると、グラバーは、

「下関では取引できないが長州侯の船で上海へ行って、そこで（小銃等を）買うなら差しつかえない。もし汽船が無いなら上海へ一人か二人が密航して汽船を買い、その際、小銃を買い入れて輸入することができるから、それについてはどのようにでも世話をする」

と、出貿易の悪知恵を授けた。

安政五年（一八五八年）に締結された日英通商条約の第十四条は、

「軍用の諸物は、日本役所の外へ売るべからず」

とし、武器輸入は幕府に限る、と制約を付けた。国内の反政府勢力が外国製の最新鋭武器を輸入すると、内乱によって正統政府が転覆しかねないからである。

しかしグラバーは、通商条約第十四条も四国共同覚書も無視し、反政府勢力である長州藩への武器密輸出を継続したのだ。

三角貿易

ここで、気になる金銭(かね)の話をしたい。

既に見たように、慶応元年七月、幕府は長州藩の不始末による下関戦争賠償金第一回分五十万ドルを長州藩の代わりにイギリスへ支払ったのだが、同じ七月、井上馨と伊藤博文は長崎で密かにグラバーと会見し、ミニエー銃四千三百挺、ゲベール銃三千挺、合計七千三百挺、金額にして九万二千四百両の購入契約を結んだ。実は、このときグラバーは井上らに、

「百万ドルぐらいの金銭はいつでも長州藩に用立てるから、決して心配には及ばない」

と申し出ている。

一口に百万ドルというが、百万ドルとは半端な金額ではない。幕府がオランダから購入した優秀艦開陽丸を二隻も買える大金だ。

当時、長崎最大とはいえたかだか社員十五人のグラバー商会に、それだけの資金力があっただろうか。

グラバー商会の一八六六年（慶応二年）六月末の決算書を見ると、ジャーディン・マセソン商会からの借入額が三十八万ドルに膨れ上がっている。グラバー商会は負債過多の状態にあり、百万ドルもの大金はもっていなかった。

しからば、グラバーが井上らに語った百万ドルの出所は、一体、何処(どこ)だったのか？

それは、今でも謎のままである。

しかし、長州藩の不始末により幕府がイギリスに対し長州藩の代わりに下関戦争賠償金第一回分五十万ドルを支払った慶応元年七月という同じ時期に、グラバーから長州藩に対し百万ドルの信用供与の話が出たとなると、イギリスは、

「幕府から召し上げた五十万ドルを、グラバーを通じて、長州藩に信用供与したのか？」

と推測してみたくなる。少なくとも確かなことは、イギリスが「幕府から五十万ドルを受け取った」という事実と、同じ月に「長州藩に百万ドルの信用供与を申し出た」という事実である。このように、幕府の軍資金と長州藩の軍資金との間に、

「行って来いで百五十万ドルのハンディキャップを付ければ……」

幕府と長州藩の軍事バランスが逆転するのも当然のことだ。

後日談だが、こんなこともあった。一八六五年（慶応元年）四月に幕府はグラバー商会を通じて大砲三十五門・砲弾十万余発を総額十八万ドルで注文し、手付金六万ドルを支払ったのだが、グラバー商会はその手付金を右から左に薩摩藩へ供与してしまった。

その後、一八六七年（慶応三年）に大砲二十一門が長崎に到着したが、グラバー商会はこれらの大砲を倉庫に保管し、口実を設けて、幕府へ引き渡さなかった。

グラバーの親薩長・反幕府の立場はハッキリしていたのである。

もっとも、長州藩とグラバー商会らとの密貿易が、そう簡単に行われた訳ではない。むしろ長州藩とイギリスの密貿易は、大きな壁にブチ当たっていた。

なぜなら、第一に幕府探索方の眼が光っていたからである。

実は、長州藩兵学教授大村益次郎が上海へ渡って壬戌丸を密売し小銃を密輸入したことは、幕府探索方の把握するところであった。幕府は、この取引にアメリカ商人ドレークが関与したことを突き止め、アメリカの代理公使ポートマンに対し、関係者の処分を要求する抗議文書を提出した。この結果、慶応元年七月、アメリカ公使プリューインは退任処分となった。幕府探索方の眼は節穴ではなかったのだ。曲がりなりにも紳士の国を標榜するイギリスとしては、幕府探索方に尻尾をつかまれるヘマは避けたいところだ。

その第二は、長州藩にそれほど現金は無かったということである。

金銭は無いが、武器は欲しい。ならば物々交換ということになる。

多くの外国商会が物々交換に尻込みするなか、グラバー商会は物々交換に応じ、特産物による支払いを積極的に受け入れた。ただしグラバーは長州藩に対し、

「支払いは米・麦・塩などを主とし、貨幣を交ぜて欲しい」

と注文を付けた。とはいえ当初、グラバー商会から「武器購入代金を米で支払ってよいか」と聞かされたジャーディン・マセソン商会は、かなり当惑したようだ。なぜなら米は通商条約第七則で、

「米は積荷として輸出する事を許さず」

とされた輸出禁止品目だったから、米を受け取ってもその換金に苦労するのである。

ジャーディン・マセソン商会が受け取った米を、大坂は堂島の米市場で売却・換金しようとすれば、すぐに足がつく。しかも勿論、イギリス人自体は米を食べない。

この二つの難問を解決しなければ、長州藩とイギリスの密貿易はうまくいかない。

そこで浮上したのが、薩摩藩を経由する三角貿易という、これまた悪知恵である。

当時、薩摩藩とイギリスは活発に貿易を行い、互いに気心が知れていた。

実は薩摩藩は、薩英戦争の直前、イギリスとの戦争に備えてイギリスが誇る世界最強最新鋭で門外不出のアームストロング砲百門をグラバー商会に注文したが、さすがにイギリス外務省から拒絶されている。

しかしアームストロング砲以外の武器輸出については、イギリス側も応じていたのだ。

この実情について、薩英戦争でジョスリング艦長やウィルモット中佐ら六十三人の死傷者を出したイギリス東洋艦隊司令長官クーパー提督は、一八六三年（文久三年）八月二十六日付けイギリス海軍省宛書簡のなかで、

「大変恥ずべき事実ですが、イギリスの軍艦がイギリスのために集結しているのに、イギリス人商人はあまりにも無節操で、自らの利益を上げるため、日本人にあらゆる種類の武器や弾薬類を供給し、われわれの地位を日々困難に陥れています。既に薩摩藩とこの種の取引を大々的に行っている長崎のイギリス商社は、最近、薩摩藩のためにウィットワース砲十門を注文した、との報告を受けました」

とボヤいている。このように薩英戦争開戦前から、イギリスから新鋭兵器を輸入していた薩摩藩は、薩英戦争講和後は大っぴらにイギリスから最新兵器を輸入し、イギリスの有力な武器輸出相手先となっていくのである。

こうした背景もあって長州藩とイギリスの密貿易に、薩摩藩が一枚噛むこととなった。すなわち、長州藩がイギリスから密輸入する武器類は薩摩藩名義にして、幕府探索方の眼を盗むと同時に、慢性的な米不足に悩む薩摩藩は長州藩から米の融通を受けて米不足を補ったのである。

こうして長州藩の武器輸入は「薩摩藩の名義」で行われることとなり、四国共同覚書によって禁止された長州藩の武器密輸入は法の網をかいくぐることが可能となった。

長州藩が薩摩藩名義で密輸入した銃火器類は、薩摩藩の船や長州藩が薩摩藩から購入した船で長州藩領内へ搬入された。

入れ代わりに長州藩から米不足の薩摩藩へ軍糧米が運ばれていった。いつの世も「軍隊に入って真っ白い米飯をたらふく食えるなら」と入隊志願者が増加するのだから、軍糧米は重要な戦略物資である。

強兵政策を邁進して農村が疲弊した薩摩藩の農業経済論的矛盾を、長州藩は軍糧米の供給により解消したのだ。かくて長州藩は近代兵器を揃えてますます強くなり、薩摩藩も農村の疲弊問題を解決してますます強くなった。

やがて両藩はより「大きな力」に結び付いていく。
四国共同覚書により、商売ができなくなると心配したグラバーは、さぞや喜んだことだろう。

坂本龍馬

そうはいっても、紅毛碧眼の死の商人グラバーが長州や薩摩など日本中を自由に歩き回って商談を進めることはできない。グラバーが幕府探索方の眼を盗んで「密輸」を行うには、どうしても気の効いた日本人が必要だった。

そこで、幕府探索方の眼をくらませながら危ない仕事だがそれに見合う仲介料・斡旋料を取って海上輸送やブローカー業務を行い、長州藩の武器密輸入に携わる、「新しいタイプ」の男が現われた。土佐郷士坂本龍馬である。

坂本龍馬は二十八歳のとき土佐藩を脱藩し、下関、九州、大坂を経て江戸へ行き、幕府軍艦奉行並勝海舟のもとへ入門し、勝の伝手(つて)で脱藩者ながら幕府の大久保一翁や、越前藩の松平春嶽の面識を得る。

勝海舟の提案で幕府が文久三年（一八六三年）に神戸海軍操練所を開設すると、坂本龍馬はその塾頭となり、土佐出身者たちを集めた。ところが結局、神戸海軍操練所は土佐勤王党に繋がる攘夷派や親長州・反幕府派の根城と化したため、勝海舟は軍艦奉行を罷免されて休職・謹慎処分となり、神戸海軍操練所は閉鎖された。

居場所を失った坂本龍馬とその仲間たちは、幕府神戸海軍操練所で身に付けた航海術を武器にぬけぬけと大坂薩摩藩邸へ上がり込み、坂本は、慶応元年四月、薩摩藩汽船胡蝶丸で小松帯刀・西郷隆盛らに同行して鹿児島へ渡った。そして坂本とその仲間たちは、この年の五月、長崎の亀山を拠点に亀山社中を結成し、薩摩藩から各々毎月三両二歩の手当を受け、薩摩藩が長崎で購入した汽船を鹿児島へ回漕したりする薩摩藩の出入業者となった。

さらに翌閏五月、坂本龍馬は下関へ渡って長州藩の桂小五郎と会見し、薩摩藩と長州藩の提携話を持ち出した。既に見たとおり、同年七月に長州藩の井上馨と伊藤博文が長崎でグラバーと商談し、ミニエー銃四千三百挺、ゲベール銃三千挺の購入契約を結んだが、これは坂本の意向を受けた亀山社中の社員が周旋したものである。この契約は薩摩藩名義で行われ、小銃は、翌月、薩摩藩の胡蝶丸、海門丸で長州藩へ運び込まれる。

余談だが、あるとき坂本龍馬は、武士の魂ともいうべき長刀を自慢する友人に対しピストルを見せ、「これからはピストルの時代だ」と語り、その後、友人がピストルを入手すると今度は万国公法を見せて、「これからは万国公法の時代だ」と得意げに語った、という。しかし、坂本龍馬ら亀山社中が実際に行ったことは、開港場以外での貿易も幕府以外の無届け武器輸入も禁止した通商条約に違反する「密貿易という違法行為」である。むしろ有り体にいえば、長州藩の密貿易という違法行為を行うために、坂本龍馬と亀山社中の存在が可能になったのである。勿論、違法行為者も六法全書を学ぶ権利はある。だが、公然と通商条約違反を行っている人物が得意げに万国公法を云々したとなると、最早、ブラック・ユーモアに近い。今日、彼らを幕末の英雄のように賛美する向きがあるが、これは現代日本人のコンプライアンス（法令遵守精神）欠如を物語るものである。

わが国最初の商社活動ともてはやされる亀山社中の商売は、混迷する幕末政局のなかで反政府集団に最新鋭武器を売り込み、日本人同士が殺し合う内戦で使用される高性能小銃等の密貿易で高利潤を貪るものだった。

かつて尊皇攘夷を唱えて決起し敗れた大和天誅組の乱に参加し、進退窮まって自決した十津川郷士野崎主計（かずえ）は、

「討つ人も、討たるる人も、心せよ、同じ御国の、御民なりせば」

との辞世を残した。しかし、日本人同士が殺し合う内戦で使用される高性能小銃等の密貿易に携わり高利潤を得た坂本龍馬には、野崎主計のような感傷は無かったようだ。

薩長同盟

長州藩とグラバー商会の武器取引に薩摩藩傘下の亀山社中が介在するようになると、四国共

同覚書や通商条約をかいくぐった密輸の三角貿易が堂々と行われるようになる。

慶応元年十月三日、西郷隆盛から依頼を受けた坂本龍馬が長州藩領の三田尻港へ入り、長州藩と薩摩藩への軍糧米の輸送などについて協議した。

このとき坂本は、幕府と敵対している長州藩に対し、勝海舟・大久保一翁・松平春嶽ら幕府要人から聞き及んだ幕府最高機密情報や京都情勢に関する詳細で的確な情報を惜しげもなく提供し、長州藩の歓心を買っている。坂本は商売のうえで、的確な情報提供が顧客を喜ばせる、という近代的商業センスをもっていたのである。

坂本龍馬から幕府最高機密や京都情勢に関する情報提供サービスを受けたある長州藩士は、

「このたび坂本龍馬こと、上国（京都のこと）の近情勢、実に驚愕にたえず」

と記している。こうして坂本は、長州藩の信頼をも勝ち取ったのだ。

また坂本は、慶応元年十二月、ユニオン号の紛争を決着させた。ユニオン号は長州藩が三万七千七百両で購入し、薩摩藩名義とし、運航は亀山社中が行うとした軍艦である。所有と名義と運航を分離する新しい海運の権利形態で、現在はほとんどこの形態で行われている。しかしこうした権利形態では当事者間の紛争が起きやすい。

坂本は、ユニオン号に関する薩長の主導権争いについて、長州藩海軍局総管中島四郎と交渉し、

「旗号は薩摩藩。運航に携わる亀山社中は長州藩の統制に服する」

として決着し、坂本と中島四郎は合意書を取り交わした。

薩摩藩が坂本龍馬の亀山社中を通じて、苦境にある長州藩に手を差し伸べた商取引により、ひと頃は「薩賊会奸」とまで恨んでいた長州藩の薩摩藩に対する怨恨は和らぎ、長州・薩摩両藩は次第に協力関係を築いていった。こうして慶応元年の年の瀬は暮れた。

グラバー商会は亀山社中を下請代理店として薩摩藩を介在させた長州藩との武器密貿易という違法行為を続行し、駐日イギリス公使館もグラバーの違法行為を黙認した。

イギリス駐日公使パークスは、十三歳のとき二人の姉がいる清国へ渡り、広東・厦門（アモイ）・福州・上海のイギリス領事館で中国語通訳官を勤めたのち、厦門領事・広東領事・上海領事を歴任し、駐日公使として日本へ赴任した人物である。

当時、イギリス公使など現地の外交官にはかなりの裁量権が委ねられていた。出先から本国に訓令を仰ぐと、船便で片道二カ月以上、往復で四カ月以上を要したからである。

そこで現地のイギリス外交官は、現地居留民の意見を参考にして、外交実務を行った。

イギリス人居留民の多くは貿易商だったから、現地のイギリス外交官はイギリス商人らの代弁者となりがちな傾向が見られたのである。

とくに若いうちに清国へ渡り、現地居留民の間で育ったパークスは、イギリス商人ら現地居留民への理解がとりわけ深く、上海から長州藩へ大量の武器が密輸出されイギリスの商益に寄与していることをよく知っていただろう。

そのうえパークスとグラバーは、ともに若くして清国へ渡ったという似た境遇もあってか、いつしか、

「グラバーはパークスの片腕」

と呼ばれるほど密接な関係になっていた。

だからパークスは、グラバーらイギリス商人が通商条約と四国共同覚書に違反する密貿易によって長州藩を支援するのを黙認したのである。

しかし世界の覇者イギリスともあろうものが、イギリス商人の通商条約違反を黙認したのは、甚だ遺憾なことである。パークスは幕府に対しては通商条約の履行を強く迫って一歩も譲らないくせに、イギリス商人の通商条約違反には目をつぶったのだ。

これでは、パークスは「ダブル・スタンダード」ということになる。

平たくいえば二枚舌だ。

それでもグラバーから見ると、日本着任当時のパークスの態度は歯痒く見えたらしく、後日、

「パークスは薩長の後ろ盾になろうか、なかなか決しなかった。しかし自分（グラバー）はパークスに対し、今日の（日本の）実権は南部の大名にあって、その意向によって日本の運命は決まるので、鹿児島はこうだ、長州はこうだ、と話をした。徳川政府への叛逆人のなかで、自分が最も大きな叛逆人だと思っています」（『史談会速記録』）

と語っている。

明治四十一年（一九〇八年）、グラバーは外国人として異例の勲二等旭日章を受けるが、そのもととなる伊藤博文、井上馨連名の叙勲申請書草案は、

「要するにグラバーが薩長二藩のために尽くしたる所は……彼が英公使パークスに対して薩長二藩と親善の関係を開かんことを勧説したる大意に謂う……徳川幕府の威権日に衰え……政権はまさに帝に復帰せんとの大勢に乗じて事を成すの権力は西南の大名にあり。英国はよろしく薩長二藩に結びてその事業を幇助（ほうじょ）すべし云々と……」

とグラバーの暗躍を活写している。

イギリス公使パークスが薩摩・長州両藩に肩入れするグラバーの説得を受けてから、イギリス公使館の対日政策は一変した。イギリス公使館は、幕府と長州藩との内戦での局外中立を定めた四国共同覚書を無視し、薩摩・長州両藩の支援に踏み切ったのである。

既に見たとおり、慶応元年九月に幕府が第二次長州征伐を開始しようとした矢先、パークスは幕府に対し、

「下関戦争賠償金第二回以降支払分は、条約勅許を得ない限り、支払延期を認めない」

と突っぱねて外交パンチを浴びせ、幕府の第二次征長の出端（ではな）を挫（くじ）いた。そこで前述のとおり、一橋慶喜が朝廷から通商条約の勅許を獲得して難局を乗り切ったのであるが、パークスのこの外交パンチは、幕府の第二次征長を大幅に遅らせる結果となった。

この遅れは幕府にとって致命的だった。

この九カ月の間に、長州藩はイギリスの支援を得て、充分な戦備を整えたからである。

こうした事情について、のちにグラバーは、

「つまり自分が一番役に立ったのは、パークスと薩長の間にあって、壁をこわしたことで、これが自分の一番手柄だったと思います」(『史談会速記録』)

と、率直に告白している。

薩長間の提携については、薩摩藩から勧誘を受けた桂小五郎が入京し、慶応二年一月八日、京都薩摩藩邸で小松帯刀・西郷隆盛・大久保利通と会談をもった。

しかし両藩の間では、一月十九日まで、薩長同盟の話はまったく進展しなかった。

そこへ坂本龍馬が入京して京都薩摩藩邸へ乗り込み、長州藩に煮え切らない態度を取る薩摩藩を強く批判して薩摩・長州両藩の提携話を進め、慶応二年一月二十一日、薩長同盟という反幕府軍事同盟が成立したのである。

第二次パーマストン内閣が薩長に加担

それにしても、前イギリス公使オールコックはロンドン覚書を調印するなど幕府に対して宥和政策で臨んだのに、なぜ後任のイギリス公使パークスは手のひらを返して幕府に強烈パンチを放ったのか？

イギリスの対日政策は、一体、どうなっていたのか？

イギリスでは、当時、第二次パーマストン内閣が政権を担当していた。

第二次パーマストン内閣は、一八六〇年（万延元年）に清国へ二万人の大軍を送って天津を奪い、北京西郊の離宮円明園に火を放って町を焦土とし、北京条約を結んで香港対岸の九龍の割譲と賠償金八百万両を要求し、清国を屈伏させた。

第二次パーマストン内閣の対日政策は、当初は駐日公使オールコックの進言によりロンドン覚書に調印するなど柔軟に対応したものの、生麦事件が起きると本来の武断派的性格を剥き出しにし、一八六三年（文久三年）に薩英戦争を、一八六四年（元治元年）には四国連合艦隊による下関攻撃を行い、賠償金三百万ドルを幕府に請求した。

また第二次パーマストン内閣がスタートして二年後の一八六一年（文久元年）には、アメリカで南北戦争が始まった。

パーマストン首相は、南部＝アメリカ連合国に同情し、トレント号事件（一八六一年）でイギリス商船が停船を命じられ南部の外交代表がボストンへ連行されると激怒し、南北戦争に参戦して北軍＝アメリカ合衆国と戦おうとしたが、周囲から止められたので、南北戦争への介入を見送った。その後、南北戦争は一八六五年に南部＝アメリカ連合国の敗北となって終わり、アメリカ合衆国はイギリスの影響を脱し、真の独立を勝ち取って離れていった。

そもそもイギリスの伝統的植民地政策は、

「相手側の民族対立・宗教対立等の国内的軋轢に乗じて、その一方を支援して分割統治を行い、植民地として支配する」

というものだった。植民地が独立したあとでも対象国に内紛があれば、イギリスは反政府勢力を支援して政権転覆をはかり、その後に親英政権を作ってイギリスの影響力を再び強めようとした。建国間もないアメリカですら、その対象となりかけた。

しかし北部＝アメリカ合衆国は、イギリスの介入を防いで、南部＝アメリカ連合国を屈服させ、独立独歩の道を確立したのである。

そこでアメリカに真の独立を許した第二次パーマストン内閣は、

「アメリカが駄目なら、日本があるさ」

と考えて、北アメリカ大陸での失地を日本で取り返そうと、反政府勢力の長州藩を利用して幕府を攪乱するようになったのである。

アーネスト・サトウの英国策論

イギリス外務省の空気や武器商人グラバーの影響もあって、パークスら駐日イギリス公使館が反幕府・親長州に踏み切ると、イギリス公使館通訳官アーネスト・サトウは、薩長同盟成立三カ月後の慶応二年（一八六六年）四月に、横浜で発行されている英字新聞『ジャパン・タイムズ』に『英国策論』を発表した。

アーネスト・サトウという人物は『一外交官の見た明治維新』の著者として知られ、いかにも中立的であるかのように見られているが、それは、とんでもない間違いである。

アーネスト・サトウは、スウェーデンからロンドンへ移り住んだ商人の父とイングランド人の母の間に生まれた第四子で、若い頃、日本文化に憧れてイギリス外務省の日本語通訳生の募集に応じ、一八六二年（文久二年）、十九歳で横浜へ上陸した。

アーネスト・サトウは日本語に堪能だったから、日本語で独自の情報を入手したため、イギリス公使パークスの判断はアーネスト・サトウの意見に依存するようになった。こうしてアーネスト・サトウは、イギリス公使パークスの助言者ともいうべき立場となり、その後、イギリス公使館の対日政策はアーネスト・サトウが発表した『英国策論』の筋書きどおりに展開していく。そうした意味でアーネスト・サトウは、駐日イギリス公使館における対日政策の立案者ともいうべき重要な立場にあったのである。

『英国策論』の内容は、

「タイクンを本来の地位に引き下げてこれを大領主の一人となし、ミカドを元首とする諸大名の連合体が、タイクンに代わって支配勢力となるべきである。外国人は、タイクンを日本の元首と見るべきでなく、早晩、ミカドと直接の関係を結ぶようにならなければならぬ」

というものである。このようにアーネスト・サトウが『英国策論』で展開した、

「幕府の政権担当を否認し、天皇を元首とする諸大名の連合政権樹立論」は、長州藩・薩摩藩の藩論と合致している。これではアーネスト・サトウは、「反幕府勢力を自認する長州藩・薩摩藩の代弁者として、反幕府の立場で内政干渉した」といわれても仕方あるまい。この時期、武器商人グラバー、新公使パークス、通訳官アーネスト・サトウらは、「長州藩支援・反幕府」の旗幟を鮮明にした紛争当事者そのものとなったのである。『英国策論』は和訳され、出版物となって、大坂や京都で発売され広く読まれた。

駐日イギリス公使館は、日本の正統政府たる徳川幕府を否定し、長州・薩摩など西南雄藩を支援して倒幕を視野に入れたことを内外に宣明したのである。

ところがこのあと、また政局は暗転する。イギリス外務省の方針が百八十度変更になったのだ。

イギリス本国では、一八六五年（慶応元年）十月に第二次パーマストン内閣が退陣し、第二次ラッセル内閣（一八六五年十月～一八六六年六月）へ政権が交代して、イギリス外務省の対日方針が軌道修正されたのである。そして新外相クラレンドンは、一八六六年四月九日（慶応二年二月二十四日）付けにてパークス宛に公信を発し、

「日本においては政治的影響力の行使を求めるのではなく、単に通商の発展だけを求め、内乱の際には厳正な中立政策を採るよう」

と中立を指示し、駐日公使パークスが長州藩を支援して幕長戦争に介入する独走に歯止めを

かけようとしたのである。

こうしてイギリス外務省と駐日イギリス公使館の間で、対日政策の温度差が生じた。

しかしイギリス本国と現地日本の間の通信は、船便のため、片道二カ月以上、往復で四カ月以上かかる。

クラレンドン外相のパークス宛一八六六年四月九日(慶応二年二月二十四日)付け公信がパークスの手元に届いたのは、二カ月以上たった慶応二年五月(一八六六年六月)だった。このとき既に、駐日公使パークス、通訳官アーネスト・サトウ、武器商人グラバーらは、「反幕府・薩長支持」の立場から、熱気をはらんで動き始めたあとだった。

遅かりしクラレンドン公信、という訳だ。

駐日公使パークスは、クラレンドン外相の中立指示に、逆らわず、従わず、半身の姿勢で応じた。そしてその後も駐日イギリス公使館がアーネスト・サトウの『英国策論』のシナリオどおりの路線を推し進めたことは、周知のとおりである。

時は移って昭和十六年(一九四一年)十二月、日英関係が悪化するとイギリス首相チャーチルは、シンガポールに新鋭戦艦プリンス・オブ・ウェールズ及び戦艦レパルスを主力とする増援艦隊を派遣する。だが艦隊は十二月十日、ベトナムから発進したわが荒鷲の好餌となり次々に魚雷を受け壊滅した。このとき、沈没に瀕するプリンス・オブ・ウェールズに座乗していたイギリス東洋艦隊司令長官トーマス・フィリップス中将は、退艦を勧める副官に「ノー・サンキュー」と答え、マレー沖に艦と運命を共にした。そしてイギリス東亜侵略百年の牙城、シンガポールは山下兵団の猛攻により陥落する。結局、イギリス伝統の東進政策を阻止したのは、南下主義の宿敵ロシアではなく、黒船に向かって「日本刀の斬れ味を見せてやる」と叫んでいた尊皇攘夷派の末裔（まつえい）たちだったのである。

攘夷鎖国派の長州藩を支援して開国対外協調派の徳川幕府を倒したイギリスに、七十五年後に大きく跳ね返ってきたこのようなブーメラン現象をわが国では古来より、

「因果は巡る風車」

といっている。

第二次長州征伐

慶応二年（一八六六年）五月一日、老中格小笠原長行は長州藩に「藩主毛利敬親父子の隠居と十万石減封の処分」を通告した。第二次長州征伐の宣戦布告である。

幕長戦争が間近に迫ると、駐日イギリス公使館は長州藩支持の立場で活発に動き始める。

パークスは、薩摩藩訪問のため五月二十日に横浜を出帆し、まず下関へ立ち寄って五月二十四日に秘かに高杉晋作と伊藤博文に会見し、「帰路に長州藩主と正式に会見する」と約束した。その後、パークスは長崎へ向かい、しばらく滞在した。

同年六月七日、幕府軍艦富士山丸が長州藩領の周防大島を砲撃し、翌日以降、幕府歩兵・松山藩兵が周防大島へ上陸し、第二次長州征伐が始まると、パークスは六月十四日に長崎を出帆し、同月十六日に鹿児島湾へ入り、その翌日、島津久光や薩摩藩主島津忠義（当時は茂久）と会見し、その後、数日にわたって薩摩側と交渉を続けた。

このときパークスは、薩摩藩の西郷隆盛とも懇談し、時局認識につき腹を割って意見の擦り合わせを行った。パークスはこの席で、

「ミカドとタイクンの二人の君主があるような姿は外国には決して無いことで、いずれは日本も国王ただ一人とならなければ済まないだろう。このようなことを外国人がいうと、日本人は不満をもつようになる。日本人がおのずから決すべきである」

と述べ、薩摩・長州など雄藩連合による倒幕を示唆した。これに対して西郷は、

「なんとも外国人に対して面目ないこと」

と答えた。パークスは西郷に対して、

「イギリスは支援を惜しまない」

ことを示し、薩摩藩を激励したのである。

これで西郷は、イギリスの軍事力を背景に、幕府を武力で討伐する決心を固める。

このときから西郷は、パークスのいいなりになるのである。

その後、パークスは、一旦長崎へ戻り、そして下関に立ち寄った。パークスと長州藩主との

会見こそ実現しなかったが、長州藩とイギリスの提携話は進められた。

さらにパークスは伊予宇和島を訪問し、六月二十八日に宇和島藩主父子と会見した。

パークスは薩長に同盟の念を押すと同時に、薩長など強い軍事力を持つ雄藩がイギリスの軍事支援を得て幕府を武力討伐する西南雄藩連合を推進したのである。

芸州口の戦闘

幕府軍と長州藩の戦闘が始まると、さすがに長州藩は強かった。南北戦争で使用された最新鋭小銃をイギリスから大量に入手し、全藩皆兵となって武装し、裏ではイギリスと薩摩藩が支援した。

長州藩は必死だった。ここで負ければ、三十六万石の長州藩は取り潰しか大幅な減封となって武士・領民が食い詰めるのは必定であり、農民・町人・老若婦人に至るまで長州藩では戦闘員となって団結力を見せた。

こうした長州藩の必死の抵抗は、戦う前から予想されていた。第二次長州征伐の直前に長州藩の動向を探るため広島へ出張した新撰組局長近藤勇が、

「長州藩使節は必戦を覚悟し、『防長の地はたとえ一石でも削られることは承諾しない』との意気込みである。しかし幕府旗本勢の士気は少しも振るわず、誰もが土産物などを買い求め、

帰ることばかりを待ちわびている。これでは開戦しても幕府軍に勝目はないので、長州藩に服罪の形さえあれば深く追及せず、寛大の処置を採ったほうがいい」

と報告したくらい、長州藩の団結力は強かった。

戦闘正面の芸州（広島）口の幕府軍は、先鋒総督紀州藩主徳川茂承と副総督老中宮津藩主本庄宗秀が指揮する主力部隊だった。一方、長州藩側は井上馨らが指揮する遊撃隊・御楯隊・膺懲隊・鴻城隊等の諸隊である。

両軍は、六月十三日、長州と芸州の藩境の小瀬川（おぜがわ）で激突した。

幕府軍先鋒の彦根藩兵は、古式ゆかしい赤備えの甲冑を着込み、法螺貝（ほらがい）と太鼓を響かせつつ、和流の軍法にのっとり、槍先を揃えてゆらりゆらりと押し出していった。

一方、長州藩諸隊は、二～三人一組の兵士が広く散開し、樹木や構築物など遮蔽物を利用して、口径十七・五ミリのゲベール銃で彦根藩兵らを次々に狙撃した。これが大村益次郎自慢の散兵戦である。

密集隊形の長槍隊と、散兵戦隊形の小銃隊とでは、勝敗は明らかである。幕府側はこの衝撃を、

「長人千人ほど出候噂に候えども、合図にて散兵に分かれ、二人位づつの打ち方。草木の影、あるいは百姓屋の屋根の上などより打ち出し、身体顕れ（あらわ）申さず。一場所より二発は打ち中さざる由」

と記録している。こうした幕府軍と長州軍の戦闘の有り様を、古書は、

「戦争と云うより、ほとんど狩猟」
と伝えている。幕府軍先鋒は、たまらず、崩れて退却した。

小倉口の戦闘

九州小倉口の幕府軍は、老中格小笠原長行を主将とし、小倉藩兵・肥後（熊本）藩兵・久留米藩兵・柳川藩兵など九州諸藩兵と幕府歩兵から構成された約二万人の大軍だった。小笠原長行の作戦計画では、これらの幕府軍を門司・田之浦に集結させて、関門海峡を渡海し、一気に長州藩領へ攻め込む手筈だった。

これに対して高杉晋作は、

「田之浦、門司の敵を駆除せざれば、わが長府馬関の地は敵兵侵入の虞（おそれ）なしとせず。よりて軍艦をもって田之浦と門司を砲撃し、陸兵をもって同地に上陸し、之を攻撃一掃すべし」

との田之浦と門司に対する奇襲攻撃を立案した。高杉の作戦能力は天才的である。長州軍は、六月十六日夜半、丙寅（へいいん）丸、癸亥丸、丙辰丸が田之浦へ、乙丑（いっちゅう）丸、庚申丸が門司へ艦砲射撃を行い、この機に奇兵隊が門司と田之浦へ渡り、田之浦の幕府軍本陣へ乱入して幕府軍の軍船二百艘余を焼き払った。これが、わが国初の海陸協同作戦となる小倉海戦である。

このとき「合戦見物」のつもりで乙丑丸に乗り込んでいた坂本龍馬も長州軍の一員として果

敢に戦った。

乙丑丸とは長州藩所有で薩摩藩名義とし亀山社中が運航に携わったユニオン号が改名したもので、大砲四門を装備した長州藩最大の蒸気軍艦である。この小倉海戦で坂本龍馬と亀山社中は乙丑丸から激しい艦砲射撃を行い、幕府の軍船多数を撃沈して幕府軍の関門海峡渡海作戦を不可能にし、さらに門司周辺の幕府側砲台を破砕して奇兵隊等長州軍の門司・田之浦上陸を援護した。

坂本龍馬は長州軍の小倉口戦線勝利における最大の功労者だった。坂本龍馬は兄権平に手紙で、

「薩州より長州へ使者に至る時、頼まれて拠（よんどころ）なく、長州の軍艦を率いて戦争せしに、これは何事もなく面白きことにてありし……」

と書き送っている。

続いて七月三日と二十七日に、高杉晋作と山県有朋が奇兵隊千余人を率いて小倉藩領内へ侵入し幕府軍を攻撃すると、死力を尽くして応戦したのは小倉藩兵だけだった。この状況を古書は、

「久留米、柳川、熊本、唐津など幕府の兵、戦う風情なく、ただ物見の有り様にて」

と伝えている。こうして小倉口の戦況も長州藩優勢となった。

石州口の戦闘

日本海側の石州（島根）口の幕府軍は、紀伊田辺城主安藤直裕が総指揮官となり、紀州藩兵、浜田藩兵、津和野藩兵、福山藩兵、松江藩兵、鳥取藩兵による七千五百人が、長州藩大村益次郎指揮下の南園隊、精鋭隊等諸隊千余人と対峙するはずだった。

ところが六月十五日夕方、長州藩諸隊が幕府方の津和野藩領内に侵入すると津和野藩はまったく抵抗せず、長州軍の領内通行を傍観したので、長州軍は無傷のまま浜田藩境に殺到した。

浜田藩領内での戦闘では紀州藩兵、鳥取藩兵、松江藩兵とも参戦せず、長州軍の浜田攻撃が始まると、幕府軍石州口総指揮官の安藤直裕は中間の姿に変装して逃亡してしまった。そこへ長州軍から降伏勧告がもたらされると、鳥取、松江、福山各藩の部隊長は浜田藩に対し、

「今日の頽勢は最早如何ともし難い。貴藩独りでも戦わんとする志は誠に立派だが、皆、戦意を喪失してしまっている。すみやかに城を棄てて再挙を計られるがよい」

といって、思い思いに退却してしまったのだ。浜田藩は六万石の小藩である。大村益次郎指揮下の勢いに乗った長州軍の猛攻を、単独で防戦するのは、どだい無理だった。

孤立無援となった浜田藩は長州軍に囲まれ、七月十八日、落城した。

浜田城を占領して勢いに乗った長州藩大村益次郎隊は、さらに進撃して幕府領の石見銀山も占領する。

このように幕府軍は、全戦線において押し返され、苦境に陥った。

こうした戦況について、幕府軍副総督老中本荘宗秀は、大坂にいる老中に対し、「長防御討入については諸大名へ人数差し出し候よう仰せつけられ候ところ、いずれも言を左右に寄せ、人数を差し出さず。たまたま差し出し候向きも少人数。少し多き分農民共が過半にて兵勢甚だもって振るわず。鉄砲も幕軍は（新式の）ゲベル甚だ少なく、火縄付の和筒のみ、長州は農民に至るまでゲベル銃を用い必取の英気鋭く、なお薩摩も長州へ心を寄せ、イギリスも長州へ応援いたし候様子。このぶんにては、とてもすみやかに御成功はおぼつかなく……」と悲痛な報告を行っている。本荘宗秀は、長州の裏にイギリスがいて、第二次長州征伐が国際戦争の様相を呈していることを見抜いたのである。

当時、イギリスの介入にはアメリカですら難儀していた。ロシアもイギリスに何度か挑戦し敗退している。当時の国際軍事情勢が「イギリスの一人勝ち」である以上、徳川幕府としても有効な対策を見出すことはできなかったのである。

第七章
徳川慶喜の決意

一橋慶喜が徳川宗家を相続

浜田城が落城した二日後の七月二十日、大坂城在陣中の将軍家茂が神経痙攣・嘔吐などの症状を訴えたすえ、にわかに病状が悪化し、脚気衝心(かっけ)にて二十一歳で病没した。

一方、長州戦線は幕府軍にとって不利であり、ますます困難の度を深めていた。

まさに幕府の危機である。

幕府としては、新将軍を決定して、第二次長州征伐を完遂しなければならない。

新将軍としては、一橋慶喜を置いてほかにいない。

しかし慶喜は、将軍職の就任に難色を示し、まず徳川宗家を相続して、

「慶喜自ら出陣し、あくまで武力で長州藩を屈伏させる」

との強硬姿勢を示し、「大討込」と称した。徳川慶喜は旗本一同を集めて、

「毛利父子は君父の仇(かたき)である。このたび自分が出馬する以上は、たとえ千騎が一騎になろうと、山口城まで攻め入り勝敗を決する覚悟である」

と宣言し、他の大名を頼らず、徳川家の私戦として幕長戦争を戦う決意を示した。

そこに徳川慶喜の凄味がある。

他の大名を頼らず、徳川家の私戦として幕長戦争を戦うのであれば、慶喜が将軍である必要はない。征夷大将軍の官位をいただく交渉や儀式に費やす時間とエネルギーは、無駄である。

今は形式にこだわらず、まず長州藩を屈伏させることが最も緊要である。

徳川慶喜は、八月八日、参内して孝明天皇に決意を披瀝、天皇から親しく「長州を征伐せよ」との勅を受け、節刀を授かる。直ちに幕府旗本の直轄軍一万人、大砲八十門を率いて主戦場の芸州口へ向かおうとした。

ところがちょうどそのとき、緊急の伝令が、

「幕府小倉口主将小笠原長行は七月三十日戦線離脱。八月一日小倉城落城！」

と注進した。小倉口戦線が崩壊してしまったのだ。

幕府小倉方面軍を指揮した老中格小笠原長行は、唐津藩六万石という小藩のしかも藩主世子という部屋住みの立場で、直卒の将士の動員人数は少なかった。さらに当初から九州諸藩兵の戦意が乏しく、小笠原長行はその統率に苦労していた。

そこへ緒戦の小倉海戦で、坂本龍馬の奇襲により田之浦の本陣に攻め込まれ、渡海用の兵船二百艘余が焼き払われると、幕府小倉方面軍の士気は一気に阻喪してしまった。そのうえ将軍家茂死去の噂が伝わってくると、小倉口に集結していた幕府軍の九州諸藩兵は相次いで兵をまとめて帰国し始めた。

それまで老中格という立場で幕府小倉方面軍をかろうじて統率していた小笠原長行だったが、諸隊が引き上げてしまっては戦争どころではなく、「最早これまで」と観念し、七月三十日、戦線を離脱して長崎へ退避したのである。

孤立した小倉城は、長州軍の猛攻を受けて八月一日に落城した。

幕府にとって戦況は絶望的である。

徳川慶喜は出陣を断念するしかなかった。

翌月、幕府軍は長州軍の追撃がないことを確認し、撤兵した。

慶喜は、慶応二年十二月五日に参内して正式に将軍職に就任する。ところがその直後の二十五日、孝明天皇が三十五歳の若さで崩御された。慶喜は最大の理解者を失ったのである。

フランスの対日外交

第二次長州征伐が長州藩勝利、幕府敗北という結果に終わると、フランスがイギリスへの対抗心を露わにして、親幕府の姿勢を鮮明に打ち出してきた。

話は少し前に戻るが、元治元年（一八六四年）三月に着任したフランスの新公使ロッシュは、イギリス追随だった前任のド・ベルクールと異なり、就任早々からイギリスと一線を画す姿勢を強め、着任するや幕府首脳陣に、

「アヘン戦争がはっきり示しているように、イギリスは工業製品の市場を拡大するためには他国を侵略して顧みない。これにひきかえフランスは、芸術・科学もそうであるように、軍事上でも偉大な正義を愛する国である」

と公言した。

当時五十七歳、老練な外交官ロッシュの指摘は、宣伝臭があるにしてもなかなか鋭い。

そのうえフランスには、「条約の締結相手であり日本の正統政府である徳川幕府と親交を深める」という、大義名分があった。

当時、対日貿易はイギリスが圧倒的なシェアを占め、フランスはアメリカやオランダにも劣後していた。フランスにとってこの改善も課題だった。とくに貴婦人が装う高級絹織物で世界一の生産量を誇ったフランスは、わが国のおもに東日本で産出される高品質の原料生糸・蚕卵紙（さんらんし）の独占的確保を希望した。

フランスは貴婦人のための絹織物工業という平和産業に必要な原料生糸をわが国から輸入しようとし、イギリスはわが国へ人殺しの道具である武器を輸出しようとした。

レオン・ロッシュ

こうした通商政策の相違が、イギリスとフランスの対日政策の対立となったのである。

幕末維新の当時、わが国で国際競争力を有する唯一最大の産品が「生糸」だった。

生糸こそ幕末維新の貿易取引におけるキーワードであり、生糸を制する者がわが国の近代化を制する、のである。

しからばわが国の誰が、生糸を支配するのか？

その最短距離にいたのは幕府である。

生糸の主産地は、信濃（長野県）、上野（群馬県）、陸奥（とくに福島県）をはじめとする東日本である。これらはいずれも、譜代の諸藩が盤踞する幕府のお膝元だった。「内乱による徳川幕府の転覆」といった異常事態さえ生じなかったなら、生糸を支配する幕府こそが、日本近代化の担い手になるはずだったのだ。

このようにフランスが、生糸を支配する徳川幕府を支援しようとしたのは、自然な成り行きだったのである。

話は一気に冒頭まで遡るが、ペリー艦隊が江戸湾内へ踏み込んで開国を強要したのを機に、首席老中阿部正弘が幕府海軍の創設に着手し、諸外国から軍艦を購入した。

さらに海軍を充実させるには軍艦を国産しなければならず、それには造船所が必要である。しかし造船所建設は、莫大な費用と技術力を要する難問である。

阿部正弘亡きあと、阿部の遺志を継いで造船所建設を推進したのは、勘定奉行小栗上野介忠順である。フランス公使ロッシュは、この小栗を助けた。

ロッシュは、造船所（名称は製鉄所）建設を熱望する小栗の求めに応じ、技師ヴェルニーを呼び寄せた。ヴェルニーは、

「横須賀がフランスのツーロン軍港の地勢に似ている」

と横須賀での製鉄所建設を主張し、慶応元年（一八六五年）一月、横須賀製鉄所建設の契約

書が交わされた。ヴェルニーが建設した横須賀製鉄所は、やがて日本海軍の工廠となり、戦後はアメリカ海軍基地となって、百年以上たった現在でも（アメリカのためにではあるが）立派に役立っている。ヴェルニーという第一級の人物を惜しげもなく送り込んだフランス公使ロッシュの、

「フランスは偉大な正義を愛する国である」

との揚言は、おおむね当を得たものだった、といえるだろう。

また前述のとおり、第二次長州征伐の直前、イギリス・フランス・アメリカ・オランダは四国共同覚書を作成して、イギリスの長州藩支援を牽制したが、ここにもフランス公使ロッシュの意向が反映されていた。ロッシュは、

「イギリスが長州藩を軍事支援して幕府を倒し、イギリスが軍事支援した長州藩主導の新政権が成立して、フランスが排除される」

ことを嫌ったのである。

だからフランス公使ロッシュは、イギリス公使パークスが幕長戦争のさなかに長州藩や薩摩藩を支援するのは四国共同覚書違反と認識し、

「パークスの行動は幕府への叛臣を励ます行為である」

と非難した。

さらにロッシュは、パークスを牽制するため長崎へ出向き、パークスに、

「貴殿が、将軍の最も強大な敵と見られる大名を訪問することは、了解に苦しむ」と詰問している。

ロッシュのいうとおり、世界の覇者イギリスともあろうものが、東洋の小国日本に内政干渉を行い、しかも日本の正統政府に反旗を翻す長州藩を支援し、さらに薩摩藩まで巻き込んで内戦に介入するのは異常である。

ロッシュがパークスを詰問したのは当然の行為だった、といえるだろう。

第二次長州征伐が幕府の敗北で終わったにもかかわらず、フランスと幕府は一段と友好関係を緊密化させ、慶応三年（一八六七年）一月、徳川慶喜の弟徳川昭武が親善のためヨーロッパへ旅立った際には、ナポレオン三世に謁見し、渋沢栄一らとパリ万国博覧会を見学している。

慶喜がフランス型幕府陸軍を創設

慶喜はフランスの力を借りて軍制改革に着手する。

四百万石の幕府が三十六万石の長州藩に負け、幕府の統治能力に傷が付いたからである。

これまで幕府は、海外列強から侮りを受けぬよう、海軍力の整備を図ってきたが、今度は、内治力確保のため「陸軍力の強化」が必要となった。

幕府は既に慶応二年（一八六六年）八月に、これまで三千石クラスの旗本の軍役義務だった、

「動員人数五十六人（雨具持ちや草履取り等を含む）、うち銃手三人」

とされた慶安軍役を改正し、三千石の旗本は、

「動員人数は三十四人で全員銃手」

と改正していた。動員人数は三十九％削減、銃手は十一倍への増加である。「雨具や草履は各自が背嚢（はいのう）に収納」とすることで、少数精鋭化による攻撃力向上を図ったのである。

また従来からの旗本が個別的に軍役を勤める制度をやめ、旗本数家分あるいは数十家分を組み合わせて一隊にまとめ、統一的な常備軍へ編成し直した。さらに大番組（先鋒戦闘部隊）、書院番組（将軍親衛隊）、新番組など伝統ある旗本軍団を全廃し、旗本の刀と槍を捨てさせ、旗本全員に小銃を持たせて銃隊へ編入し、旗本軍団全員を銃隊へ組み替えた。

旗本全員を新軍制下の銃隊へ組み替えると、これらの銃隊を指揮する陸軍組織も改正する必要が生じ、銃隊を直接指揮する実務上の元締めとして陸軍奉行並を置き、その上に若年寄の陸軍奉行を置き、さらにその上に老中格の陸軍総裁を置いて指揮系統を明確にした。

組織面で一応の態勢が整うと、慶応二年十月に人事異動が行われ、多数の銃手を提供した高禄の旗本が銃隊指揮官に任命されたり、書院番頭（ばんがしら）や小姓組番頭など格式の高い旗本が銃隊奉行に任命され、譜代大名が陸軍奉行並に任じられたりした。

次に、兵隊への給金も改革の対象となり、小栗上野介の指導により、慶応三年一月、従来からの、

「旗本が禄高に応じて知行地の農民を徴発し、その農民兵への給金は旗本が支払う」

という現行制度を改め、

「旗本は禄高に応じて兵の給金相当額を幕府へ上納し、その納金で幕府が庶民兵を雇う」

こととした。このとき、知行の半分近くを上納させられた上級旗本たちの間から、

「あら、うらめしの小栗殿」

との愚痴がこぼれた、という。

こうして幕府は、直轄常備軍の整備を図った。

さらに徳川慶喜は、ロッシュの勧めにより、フランスから陸軍軍事教官を招き指導を受けることとした。当時、フランスはナポレオン三世の時代で、ナポレオン一世の時代ほどではなかったが、それでもなお有力な陸軍国だった。慶応三年二月にフランス陸軍士官シャノアン、ブリュネー以下十八名の教官が来日し、横浜に設けられた伝習所で歩兵・騎兵・砲兵の教育が開始された。

士官・兵士の軍服類もフランスから日本へ送られ、旗本たちはこれを着用した。

その後、伝習所は江戸郊外の駒場野へ移され、慶応三年六月には陸軍幹部養成のため三兵（歩兵、騎兵、砲兵）士官学校創設が決まり、旗本の子弟で十四歳から十九歳までの志願者を募集した。こうして徳川慶喜は、慶応三年末には、歩兵七個連隊、騎兵一隊、砲兵四隊、計一万数千人の近代的陸軍を整備したのである。

余談だが、当初はフランス式で発足した明治陸軍が、（フランスが晋仏戦争でドイツに敗れ

たため）ドイツ式に転換するのは明治十八年（一八八五年）のことである。このとき、フランス派四将軍と呼ばれた鳥尾小弥太、谷干城（たてき）、三浦梧楼、曽我祐準（すけのり）が強い反対を唱えたにもかかわらず、山県有朋がそれを押し切った。しかしもし、日本陸軍が、徳川慶喜が採用したフランス式のままだったら、昭和前期に日本陸軍が「統帥権独立」を叫んで大きく道を間違えわが国を滅亡の淵に導くことは無かっただろう。なぜなら、フランス陸軍には「統帥権独立の思想」そのものが無いからである。

徳川慶喜による幕府陸軍の創設について、岩倉具視は、

「近時の将軍慶喜の行動を見ると、果断・勇決、その志は小ではない。軽視すべからざる強敵である」

と評し、また桂小五郎は、

「今や関東の政令一新し、兵馬の制もまたすこぶる見るべきものがある。慶喜の胆略は決して侮ることはできない。実に家康の再来を見るようである」

と評したのであった。

慶喜の兵庫開港

徳川慶喜が、フランス公使ロッシュの支援を受けて幕府陸軍を創設し、岩倉具視や桂小五郎

から強敵とか家康の再来と畏怖されるようになると、第二次長州征伐に敗れた幕府は長州藩から侮りを受けずに済むところまで幕権を回復し、一応の面目を保った。

こうして国内政局は、小康状態となった。

しかし、対外問題は何ら解決していない。

イギリスは相変わらず長州藩を支援し、上海―下関ルートで武器の密輸が行われているからである。

イギリスは世界の覇者である。幕府にイギリスの不法行為を非難する力は到底なかった。だからこそ幕府は、イギリスと直接対決しないよう細心の注意を払いながら長州藩を膺懲しようとして、第二次長州征伐に踏み切り、返り討ちにあった。

第二次長州征伐での幕府軍の敗北は、長州藩とイギリス商人らの武器密貿易を容認する結果となっているのである。

そもそも通商条約は、「下関の開港」も、「幕府以外の者による運上所への無届け武器輸入」も、認めていない。それなのに世界の覇者イギリスは、先頭に立って通商条約違反を行っている。幕府にとっては誠に遺憾なことである。

だからといって、「怪しからん」といっても始まらない。「再度、長州藩を膺懲する」と第三次長州征伐を起こしても、また負けるかもしれない。

幕府は、この問題を軍事力によって解決する選択肢を持ち得なかった。

慶応二年十二月五日に第十五代将軍となった徳川慶喜は、この難問を外交によって解決するしかなかったのである。問題の焦点は、

「イギリスが、開港場以外の下関で、幕府以外の者に対する無届け武器密輸を行っている」

という通商条約違反である。

しかし幕府には、イギリスの通商条約違反を強く論難できない事情があった。

それが「兵庫開港問題」だった。

そもそも井伊大老が安政五年（一八五八年）に調印した通商条約は「兵庫開港」を定め、その実施時期はロンドン覚書により、

「慶応三年十二月七日（一八六八年一月一日）まで」

と対外公約していた。

しかし兵庫開港は朝廷から勅許が下りず、暗礁に乗り上げ、手付かずの状態にあった。

それだけではなく、ご丁寧なことに、前述のとおり、慶応元年（一八六五年）十月五日に徳川慶喜が朝廷から条約勅許を獲得した際、「兵庫（開港）の儀は、止められ候事」と固く釘を刺されているのだ。朝廷から兵庫開港の勅許が下りず、幕府が「兵庫未開港という通商条約不履行」のままでは、幕府としても、イギリスに対して通商条約違反を強く非難することはできなかったのである。

イギリス公使パークスも、勿論、この事情は充分に承知している。

だからパークスは、幕府に兵庫開港を強く要求しつつ、一方ではイギリス商人らの下関での密貿易という通商条約違反を、臆面もなく黙認したのだ。パークスの理屈は、

「幕府が兵庫を開港しないなら、イギリスも通商条約を遵守しない」

ということである。

そこで徳川慶喜は、万難を排して兵庫開港を断行し、この矛盾を一気に解決することとした。慶喜の決断の影に、フランス公使ロッシュの助言があったことはいうまでもない。

慶喜は慶応三年三月に大坂城へ外国公使を招き、三月二十八日にイギリス・オランダ・フランスの各公使と、四月一日にアメリカ公使と正式謁見式を行った。

ここで新将軍徳川慶喜は、条約相手国の元首の名代である各国公使に対し、

「国法に従って祖宗以来付与されている全権を以て、締盟国との交際を厚くし、条約を履行する」

と宣言した。慶喜は、「自分が日本の実権者であり全国の支配権を掌握している」と示威したうえで、「懸案の兵庫開港を実行する」と公言し、朝廷から固く釘を刺されている兵庫開港について、朝廷から勅許を得て積極的に解決する、と約束したのである。

これまで幕府は、ペリーやハリスやパークスらから強い外交要求を突きつけられ、受け身になりながら、諸問題に着手してきた。幕府はペリーやハリスやパークスらから鼻面を引き回され、テンテコ舞いをしながら、開国路線を進めてきた。しかし慶喜は、

「こうした受け身の外交から脱却し、自ら積極的に兵庫開港を実現することにより、内政と外交の主導権を確立する」

と、一歩、踏み込んだのである。

幕府は第二次長州征伐で長州藩に敗れはしたが、手痛い敗戦を機に、徳川慶喜が軍制改革を進め、フランス陸軍の指導を受けて歩兵七個連隊、騎兵一隊、砲兵四隊、計一万数千人の幕府陸軍を整備しつつある。慶喜は、この陸軍力を背景に国内統治権を誇示し、開国外交を積極的に推進することにした。すなわち、兵庫開港問題を、朝議の場で一気に決着させることにしたのである。

慶喜は、慶応三年五月二十三日、老中や所司代らを従えて御所へ入り、朝廷側から摂政、左大臣、右大臣、前関白、大納言らが出席し、夜八時から徹夜の会議が始まった。この席で慶喜は、

「長州藩へは寛大な処置を行いたい。同時に兵庫開港を勅許されたい」

と要請した。夜八時から始まった会議は翌朝まで続いたが、結局、結論は出ず、翌五月二十四日は総参内となって公家たちが続々と詰めかけた。

会議の席上、「（京都に近い）兵庫の開港は絶対に不可である」と述べる公家に対して慶喜は、

「あなた方の日本書紀や古事記から抜け出たような意見では、当世、間に合わない」

とまでいって反論した。

将軍慶喜は、「良きに計らえ」とか「そう致せ」などという将軍ではなかった。自ら強い意

志をもって、積極的に政局を切り拓いていこうとする、能動的な将軍だった。

慶喜は、熱弁を振るって会議を引き回し、反対する公家や決断力のない摂政たちを説き伏せた。徳川政権を創業した最初の将軍家康は軍事能力に優れていたが、最後の将軍慶喜は弁論術に秀でていたようだ。

一同、御所の虎ノ間という一室に籠もり、この間、ほとんど休憩を取らないブッ通しの会議となり、慶喜は独りで論じまくった。結局、この会議は論争力と体力がすべてといった「わが国初の労使による団体交渉」のような様相となった。

慶喜の熱弁の前に、反対者たちもやがて反論に詰まり、慶喜の弁論に屈伏した。

そして、まる一昼夜たった五月二十四日夜八時頃、ついに慶喜は「兵庫開港の勅許」を獲得。すぐさま幕府は、六月六日付けを以て、

「慶応三年十二月七日（一八六八年一月一日）から兵庫港を開港し、江戸・大坂両市に外国人の居留を許す」

との布告を出した。また同時に慶喜は、

「長州藩への寛大な処分の勅許」

も得た。この勅許によって長州藩は朝敵ではなくなり、幕府は勝ち目のない征長を続ける必要がなくなったのである。

それにしても、この「長州藩への寛大な処分の勅許」とは、誠に奇妙である。

幕長戦争で勝ったのは長州藩である。負けたのは幕府である。

負けた幕府が、勝った長州藩に対し、「処分を寛大にする」といっている。

これでは話があべこべではないか？

実はこのあべこべの現象は、徳川慶喜が整備した近代的幕府陸軍の存在感がもたらしたものである。慶喜は陸軍力を誇示し、戦わずして、政治的勝利を収めたのだ。慶喜は「軍隊を最も上手に使った政治家」といえるだろう。軍事力を背景に、流血を見ることなく、政治的成果を挙げたからである。

こうして徳川慶喜が朝廷から兵庫開港の勅許を獲得すると、わが国に対する諸外国からの苛烈な諸要求はまったく沈静化した。

慶喜は、井伊大老が通商条約調印の際、やり残した二つの課題、すなわち、

一、条約勅許を得て、国内的合意を形成すること
二、兵庫開港を行い、国際公約を果たすこと

を実現させた。

かつて条約勅許を得て国内の攘夷運動を鎮静化させた徳川慶喜は、今度は兵庫開港勅許を得て諸外国からの要求圧力を封じ、井伊大老がやり残した通商条約の国内的課題と国際的課題の

二つを解決して、開国を完成させるのである。

第八章
大政奉還の思想

慶喜の大政奉還論

条約勅許と兵庫開港勅許を得て通商条約の欠陥を補完し対外公約を完遂したあと、徳川慶喜は最大の政治決断を行った。

大政奉還である。

慶応三年（一八六七年）十月十二日、老中以下、在京の幕府諸役人が二条城に呼ばれ、徳川慶喜から大政奉還の決意が告げられた。翌十月十三日、慶喜は在京諸藩十万石以上の大名の重臣を二条城二の丸御殿に招集し、京都所司代桑名藩主松平定敬が『大政奉還上表文草稿』を示して説明した。

この日の夜、すべての公的行事が終わったあと、慶喜は幕府開成所（蕃書調所を改称）教授西周（にしあまね）を召して「国家三権の分別及び英吉利（イギリス）議院の制度」を講義させた。慶喜はブレーンの西周に大政奉還後の新政治体制構想を、再度、確認したのである。翌日、西周はこの講義録を『西洋官制略考』としてまとめ、さらに十一月には慶喜の指示で『議題草案』を起草し、慶喜の側近平山図書（ずしょ）に提出した。『議題草案』は大正五年になって雑誌『江戸』の第八号・第九号に初めて公表されたもので、わが国で最初の憲法草案であろう、といわれている。

『議題草案』の骨子は、

一、大君（慶喜）が最高指導者となり、大坂設置の行政府を主宰する
二、上下二院制とし上院は一万石以上の大名で構成、下院は各藩主が一名を選任する
三、大君は国家指導者で行政権をもち、上院議長を兼任し、下院の解散権をもつ
四、天皇は元号制定、叙爵権をもつが、軍事権・参政権を有しない
五、天皇は山城（京都）一国を領有する

というものだった。西周が徳川慶喜のために起草した『議題草案』の思想は、わが国の新政治体制はイギリス議会主義を手本とし、皇室をイギリス王室に、大君をイギリス首相になぞらえたものであって、西周は慶喜に、新しい日本の政治体制はイギリス型とするよう薦めたとされる。

しかしこの案の第四は天皇の儀礼的行為を定めただけで、天皇の権限が何もない。それに比べ、第一と第三の規定により大君には強大な権力が付与される。だが外国の例を見ても上院・下院を支配し、行政権も掌握しながら国王にまったく発言させないなどという強力な指導者などない。これが実現するなら慶喜は大統領、いやそれ以上の存在になってしまうのではないか。

これに対して歴史家の大越哲仁氏は、大政奉還は幕末のわが国が選択すべき最良の政治判断であったとしたうえで、西周案は慶喜の独裁を狙っておらず、別の条項ではアメリカ合衆国の連邦制のような三権分立と幅広い地方自治をうたっており、その将来には各地方の国柄を活か

した豊かな近代国家の姿も垣間見ることができる、と評されている。
さらに西周案を世に紹介した憲政史の権威で歴史研究家の尾佐竹猛（おさたけたけき）も、
「慶喜は当時わが国の憲政の第一人者であり、彼が大政奉還に踏み切った真意は、イギリス型の議会設置が条件であった」（『維新前後に於ける立憲思想』）
と断言している。

慶喜のいちばん長い日

さて、翌十月十四日朝、京都の二条城に精鋭のフランス式陸軍部隊を率いて陣取っていた慶喜は青年旗本の大沢右京太夫基寿（もとひさ）（高家）に参内を命じ、明治天皇に『大政奉還上表文』を提出させた。

その内容は、

「臣慶喜、謹ンデ皇国時運之沿革ヲ考エ候ニ……。当今、外国ノ交際日ニ盛ナルニヨリ、愈（イヨイヨ）、朝権一途ニ出申サズ候テハ、綱紀立チ難ク候間、従来ノ旧習ヲ改メ、政権ヲ朝廷ニ帰シ奉リ、広ク天下ノ公議ヲ盡（ツク）シ、聖断ヲ仰ギ、同心協力共ニ皇国ヲ保護仕リ候得バ、必ズ海外万国ト並ビ立ツベク候。臣慶喜、国家ニ盡ス所、是ニ過ギザルト存ジ奉リ候……」

というものである。すなわち、

「外国との交際が盛んになっている今日では、従来の旧習を改め、広く会議を尽くし、聖断を仰いで同心協力すれば、皇国の時運を保護できるだけでなく、海外の万国と並び立つことが可能である」

としたのだ。

ただ単に政権を返上する、というだけでなく、わが国の明日への希望を確信的に述べたのである。この『大政奉還上表文』が半年後の慶応四年（一八六八年）三月に公布された明治天皇による『五箇条の御誓文』の原型となるのである。

大政奉還上表文で「広く天下の公議を盡し」とあるのが、五箇条の御誓文では「広く会議を興し万機公論に決すべし」と噛み砕いた表現になった。大政奉還上表文で「同心協力、共に皇国を保護つかまつり」とあるのは、五箇条の御誓文では「上下心を一にして盛に経綸を行うべし。官武一途庶民に至るまで各其志を遂げ人心をして倦まざらしめんことを要す」と丁寧な表現になった。また大政奉還上表文で「従来の旧習を改め」とあるのは、五箇条の御誓文では、「旧来の陋習を破り天地の公道に基くべし」とわかりやすい表現になっている。そして大政奉還上表文で「当今外国の交際日に盛なるにより……必ず海外万国と並び立つべく候」とあるのが、五箇条の御誓文では「知識を世界に求め大に皇基を振起すべし」と簡潔明瞭な表現になった。

五箇条の御誓文は大政奉還上表文を踏襲したものであることがわかるだろう。

大政奉還上表文と五箇条の御誓文に共通する思想は、議会主義・国内融和・進歩改良主義・

海外協調主義である。徳川慶喜の大政奉還上表文の延長線上にある五箇条の御誓文の精神が保たれていた間は、わが国が無謀な海外冒険主義に突入するようなことはなかったのである。

刀槍から議会の時代へ

徳川慶喜が大政奉還を意識するようになったのは、そもそも何時の頃からだろうか？

第十四代将軍家茂が死去し慶喜が徳川宗家相続を受諾した慶応二年七月、慶喜は将軍職就任を固辞した。このことについて徳川慶喜は、のちに、

「自分は老中板倉勝静らに、徳川家を相続するだけで将軍職を受けないで済むなら申し出を受けよう、といった。自分が政権奉還の志をもったのはこの頃からのことで、東照公（家康）は日本国のために幕府を開いたが、自分は日本国のために幕府を葬るの任にあたるべし、と覚悟を決めた」

と語っているから、将軍職に就いた時点で既に慶喜は大政奉還を意識し始めたようである。

その頃慶喜は、幕府開成所教授の西周をブレーンとして重用し、大政奉還後の新政治体制のあり方を諮問している。

西周は、オランダのライデン大学で政治経済学を学んで帰国し幕府開成所教授となって江戸にいたとき、慶喜の徳川宗家相続が布告されて一カ月後の慶応二年九月十九日、京都にいた慶

喜から召された。西周は、江戸をたって上洛し、京都で洋学塾を開いて後進を指導しながら待命していると、八カ月が過ぎた慶応三年五月中旬、突然、慶喜から呼び出された。政局は兵庫開港問題の真っ只中、西周が慶喜のもとへ伺候すると、藪から棒に、「フランス語を教えよ」と命じられた。そこで西周はその場でアルファベットの読み書きから始め、その後、毎日出仕してフランス語を教えた。

兵庫開港勅許問題の大詰めという多忙な政務の間に、急遽、フランス語の勉強を始めた徳川慶喜の姿は、慶喜が考えた大政奉還とは何だったか、を暗示している。

実は大政奉還一カ月前の慶応三年九月に開成所教授津田真道（まみち）は慶喜を大頭領（大統領）とする『日本国総制度』を慶喜に提出し、了承を得ていた。

それらからすると、徳川慶喜が考えた「大政奉還」とは、「慶喜が政治上の指導者となって改革を断行する。そののちイギリス型の近代的議会主義へ転換する」

ことだったようである。

イギリスは、共和制のアメリカと異なり、国王を元首とする立憲君主制で、国王は「君臨すれども統治せず」の原則により政治責任を負わない。首相が政治上の指導者である。イギリス立法府は上院と下院からなる二院制で、上院は世襲貴族や聖職者等から構成され、イギリスには今でも貴族によるこの制度が残っている。

だから当時の日本が、天皇制や公家・武家制度など古からのしがらみを遺しながら近代化を図るには、イギリスを手本として天皇を国家元首とし、大君を政治上の指導者とし、一万石以上の大名を世襲の上院議員にすれば、容易にイギリス型公議政体へ移行できる。

徳川慶喜は、「刀槍の時代」の次は「議会の時代」と考えたのである。

そうなれば薩摩藩国主という地方領主に飽き足らず中央政界への進出を熱望した島津久光の夢も、慶喜のいうイギリス型議会主義のなかで実現したはずである。島津久光が、わが国最強の薩摩兵団を梃子に慶喜を支えてイギリス型議会制度の確立に協力すれば、久光自身が有力な上院議員として中央政界で重きをなすだけでなく、久光の子孫たちもイギリス貴族のように世襲の上院議員となって活躍の場が保証されただろう。

しかし島津久光が、パークスやグラバーと組んだ大久保利通の口車に乗り、徳川幕府に代わる島津幕府を夢見て薩摩兵団という強力な武力を背景に徳川慶喜と敵対した結果、島津久光の私兵だった薩摩兵児は西郷隆盛に簒奪されてしまい、気がついてみると、維新の元勲として中央政界へ進出したのは島津久光ではなく、西郷隆盛と大久保利通だった。さらに維新が完成したのち、廃藩置県によって薩摩藩国主という地方領主の地位すら失うこととなった島津久光は、鹿児島鶴丸城二の丸邸で毎夜花火を打ち上げさせ、憂さを晴らす羽目に陥るのである。

大久保一翁の政権返上論

大政奉還は、突如、徳川慶喜が発案した訳ではない。

実はそれ以前から幕府内部に、政権返上論はくすぶっていた。

前述のとおり徳川幕府の政権を否定する見解を最初に唱えたのは目付として対米交渉にあたっていた岩瀬忠震である。

しかし岩瀬にしても、為政の覚悟を語ったのであって、まさか本当に幕府が倒れるとは思わなかっただろう。当時、幕府はまだまだ磐石だったからである。

岩瀬忠震の次に政権返上論を唱えたのは幕府大目付大久保越中守一翁である。文久二年（一八六二年）十一月、勅使三条実美が江戸へ入って攘夷の勅命を伝えたとき、既に開国方針を採っていた幕府は苦境に陥り、攘夷の意思が無いにもかかわらず苦し紛れに、

「攘夷の勅命を奉承した。策略の委細は上洛のうえ申し上げる」

と心にもない返答をしたのは、既に見たとおりである。こうした難局のさなか、大久保一翁から政権返上論が飛び出した。政治総裁職だった松平春嶽の記録（『閑窓秉筆(かんそうへいひつ)』）によれば、文久二年十月、幕閣による評議の席で、大久保一翁が、

「私の意見をご採用いただければ申し上げたい」

と前置きして、

「内外の困難な状況はなんとも申し上げにくい。とうてい徳川家だけで天下の政権を掌握する

のは難しいのではないか。この時勢を御賢察あられて、天下の政権を朝廷へ御返上されて、徳川家も一諸侯に列せられたらいかがだろう。東照神君家康公の故地駿河一国か、駿河・遠江・三河の三国を領地にしたらどうだろうか。さすれば、かえって家康公はじめ歴代に対しても孝行することになる。これにより徳川家は安泰である」

と発言した。これに対して、居合わせた老中や若年寄らは不満顔だったが、誰も反論できなかったという。

「はたして越中守の先見たがわず。感ずべきことなり。越中守の心を後世に伝えんと思うゆえに、ここに記した」

と松平春嶽は書いている。

将軍＝征夷大将軍とは外夷討伐のため臨時に設けられた武官で、元来、さほど身分の高い官職ではない。

とくに開国方針の幕府にとって、外交交渉権をもたない外夷討伐専門武官たる征夷大将軍という役職は自己矛盾に満ちた官職であり、外交を行うには不適切な官名だった。そこで幕府は、アメリカ・イギリス等との外交交渉に際し、外交交渉権がない「征夷大将軍＝将軍」ではなく、外交権がありそうに見える「大君」を自称していた。

攘夷督促のため東下した勅使三条実美は、その矛盾を突き、

「将軍は、征夷大将軍の職務である外夷討伐を忠実に実行し、攘夷を断行せよ」

との勅命を伝えたのである。

幕府は困惑した。幕府が攘夷に不熱心なら、職務怠慢ということで、もしかしたら朝廷は幕府から征夷大将軍の官職を剥奪するかもしれない。そうなったら幕府は国内統治権の法理を自動的に失ってしまう。

大久保一翁は、そんなみっともない事態になる前に自発的に征夷大将軍職を返上してしまおう、と考えたのである。

政治総裁職だった松平春嶽も一翁の説に共感した。

しかし将軍後見職だった一橋慶喜は、

「開国の決着をつけず、政権返上後の新政治体制を確立しないままでの政権返上論は、無責任である」

として、一翁の政権返上論を嫌い、一翁を左遷（免職・差控）した。

なぜなら、もし一翁の主張どおり、開国方針の幕府が「攘夷は不可能」と征夷大将軍職を返上すれば、朝廷は強硬な攘夷論者の長州藩毛利氏を代わりに征夷大将軍に任命、毛利幕府が対欧米大攘夷戦争を起こすかもしれないからである。

西周のオランダ留学

幕府は大久保一翁の政権返上論を採用しなかった。一翁の政権返上論は政権を投げ出すだけで、新しい政体へのビジョンが提示されていなかったからである。

幕府が「攘夷は不可能」と政権を投げ出しても、毛利幕府の下で攘夷を断行するのでは、どうにもならない。幕府が政権返上（大政奉還）を実行するには、開国への道筋をつけ、さらに政権返上後の新しい政治体制を準備しなければならない。それには研究が必要だった。

わが国では、奈良・平安の昔より、「国家体制」を大きく変革するとき、先進国へ留学生を送って充分な研究を行ってきた。幕末維新の変革も例外ではない。

幕末期の徳川幕府も、同様に、欧米先進国の政治体制を研究するため留学生を派遣し、幕藩体制に代わる、新しい日本の政治体制のあり方を調査させた。

その代表的な留学生が西周である。

蕃書調所教授方（助教授のこと）西周が留学のため品川を出帆したのは、勅使三条実美が幕府に攘夷を督促するため京都を出発する四カ月前の文久二年（一八六二年）六月である。大久保一翁が幕府内部で政権返上論を唱える少し前のことである。

幕府も、かなり早い段階から「幕藩体制では、最早、立ちいかない」と感じ、新しい政治体制を研究するため諸外国に留学生の受け入れを要請していたのだ。こうして西周は、築地軍艦操練所軍艦組（士官候補生）の榎本武揚（当時は釜次郎）らとともにオランダ留学に旅立ち、彼らは文久三年（一八六三年）四月にオランダのロッテルダムへ到着して勉強を始めた。西周の学習目的は法律、国際法、財政学、統計学であり、オランダのライデン大学でシモン・フィッセリング教授に就いて政治経済学を学び、得るところは頗る大きかった。

しかし西周の留学は簡単に実現した訳ではない。留学までには紆余曲折があった。

西周は武士だったが幕臣ではない。もと津和野藩士である。津和野藩内で幼少より漢籍の素養が深かった西周は、津和野藩主亀井茲監（これみ）から才幹を見込まれて儒学修業を命じられ、津和野藩藩校養老館に入った。折からペリー艦隊が江戸湾へ来航すると、津和野藩主亀井茲監は沿海防禦研究のため養老館の秀才西周らに江戸出張を命じた。こうして江戸へ出た西周は、黒船来航による物情騒然たる有り様を見て、洋学研鑽の必要性を痛感し、オランダ語を習い、オランダ文献の研究を始めた。しかし津和野藩の藩学は儒学と国学である。しかも西周の本職は藩校養老館の御雇勤である。津和野藩士としての日々の雑事もある。

西周は洋学研鑽に集中できず、ついに津和野藩を脱藩した。西周の親類にあたる森鴎外は、脱藩に及んだ西周の洋学に対するやむにやまれぬ心情を、

「道を行わんと欲せば、西学（洋学）ついに闕（か）くべからず。しこうして小藩に仕え、瑣事（さじ）の為に役せらるるものは、たとい間を偸（ぬす）みてこれを講ずとも、恐らくは精通熟達の期なからん。一旦、君父（藩主）と絶ちて専心事に従わんには、と。（西）周、遂に意を決して邸を脱す」（『西周伝』）

と代弁している。洋学研鑽のため津和野藩を脱藩するとき西周は、朗々と詩を吟じながら藩邸を去っていった、という。自由の身になった西周は、攘夷派テロリストから執拗に命を狙われていた手塚律蔵から英語を学び、手塚の推薦で幕府の蕃書調所教授手伝並（てつだいなみ）となり俸十口を得て英書を講ずるようになり、洋学者西周が誕生した。

西周は強い留学希望をもっていた。西周は、新見豊前守正興を長とする遣米使節派遣の際も、竹内下野守保徳を長とする遣欧使節派遣の際も、留学を熱望した。しかし西周の留学は実現しなかった。

留学の選に洩れて失望する西周の天分を見抜き、留学生として強く推薦したのが元蕃書調所総裁で外国奉行の大久保一翁である。一翁は、講談に登場する大久保彦左衛門を遠祖にもつ剛毅朴訥（ぼくとつ）な三河武士そのもので、若い頃は弓術・剣術・槍術など武芸に熱中し、およそ学問は嫌いで、口を開けば「もののふの心」と唱えるばかりで洋学にも語学にも無縁の人物だった。

この大久保一翁が西周の天分を見抜いた。一翁の人物鑑定眼は確かだったといえるだろう。武人としての直観力だったのかもしれない。

留学を終えた西周は慶応元年（一八六五年）十二月に横浜へ帰朝し、翌慶応二年三月に幕府直参となって開成所教授となり、禄百俵、役俸二十口を得た。このとき三十八歳の西周が、やがて大政奉還を断行する徳川慶喜の伴走者となるのである。

討幕の密勅

徳川慶喜がイギリス議会制度を模範とした公議政体を想定して大政を奉還したまさに同日の慶応三年（一八六七年）十月十四日、朝廷から薩摩藩と長州藩に「討幕の密勅」が下った。討幕の密勅は、公卿正親町三条実愛邸で、薩摩藩の大久保利通と長州藩の広沢真臣（当時は兵助）に授けられた。それには、

「朕（明治天皇）、今、民の父母と為り、この賊（慶喜）を討たずして、何を以て上は先帝の霊に謝し、下、万民の深讐に報ぜんや。賊臣徳川慶喜を殄戮（殺し尽くすこと）せよ。これ朕の願いなり」

と明記されていた。

この討幕の密勅によって、「刀槍の時代」の次は「議会の時代」と信じ、幕藩体制の次の新時代はイギリス型公議政体と想定した徳川慶喜の理想は、一気に覆された。

討幕の主な道具は大砲である。西郷隆盛や大久保利通らは、「刀槍の時代」の次は「大砲の時代」と考えたのである。討幕の密勅が下れば、「刀槍の時代」の次は、「大砲の時代」が幕を開ける。わが国は、このときから昭和前期に至る長い歯止めなき「大砲の時代」を歩むこととなる。

ところが実は、この討幕の密勅は、偽勅ともいえる代物だった。

討幕の密勅には肝心の摂政二条斉敬の名がなく、前大納言中山忠能・前大納言正親町三条実

愛・権中納言中御門経之の署名のみで、花押も無かった。勿論、御名も無く、勅書としても宣旨としても極めて異常な、形式を満たさないものだった。のちに正親町三条実愛は、討幕の密勅について、

「薩摩に賜った（密勅）のは自分が書いた。長州に賜ったのは中御門が書いた。このことは摂政にも親王方にも少しも漏らさず、ごく内々のことで、自分らと骨を折った（企てた）岩倉（具視）のほか誰も知る者はない」（明治二十四年六月、旧舘林藩士岡谷繁実聞き取り）

と正直に告白している。いみじくも正親町三条実愛が語ったように、討幕の密勅はこの三人（中山は名前のみ）による偽勅だった。公文書偽造、といってもよい。

もっともその三人でさえ、岩倉を除き討幕などという意思はもっていなかったようだ。その頃、朝廷に討幕の意向などなく、二条摂政以下、慶喜の大政奉還をどう受けるかでテンテコ舞いだったのである。岡谷繁実による三条実愛への聞き取りは次のとおり。

問　文案は何人の筆に係りしや。

答　玉松操（岩倉家の居候）と云うものの文章なり、玉松は至って奇人にてありし。

問　筆者は何人に候や。

答　薩州に賜りしは余これを書す、長州に賜りしは中御門これを書せり。

問　右は二条摂政又は親王方にもご協議ありしことや。

答　右は二条にも親王方にも少しも洩らさず、極内のことにて自分らより外知るものなし。
問　右書を何人に渡しに相成りしや。
答　余は大久保（利通）に渡せり、中御門は広沢に渡したり。
（中略）
問　勅書御渡しは実に危険なることにてありし、断然の御処置は実に今日維新の基となりたり。
答　勅書を渡す節は実に心配せり。中御門とも此事漏洩せば頭を切らるべしと云いて咄し居りし事なり。余が大久保に渡せし時は幕府の近藤勇が七、八名召連れ余が門前に待居たり。よりて大久保に其事を咄し如何すべきと言いければ、大久保曰く何も恐ろしきことはなしと云いて出でしが実に心配せり。

実は、討幕の密勅という乱暴な代物が、突然、飛び出してきた裏には、桂小五郎と坂本龍馬の間で、ある密談があった。大政奉還二カ月前の八月二十日、桂が坂本に対し、「最近サトウに会ったところ『近頃、諸侯たちが世直しを天下にいいふらしながら、それが行われていない……そのようなことを西洋では、老婆の理屈、といって男として一番嫌うものだ』といわれたが、外国の一通訳にこんなことをいわれたのでは、神州男子にとって大恥だと強く感じた。どうか大政返上のことも、七、八分まで行けば、そのときの状況で十段目は鉄砲芝居以外にはやり方がないだろうと思う」

と話した。坂本は大いに感服して同意し、九月二十四日にオランダのハットマン商社から購入したライフル銃千挺を、土佐藩で兵制近代化を進める板垣退助（このときは乾退助）に届けた。

かつて十七世紀に名誉ある無血革命を成し遂げた先進国イギリスから来た公使館員アーネスト・サトウは桂小五郎に、

「日本のような後進国には暴力革命がふさわしい」

とけしかけ、桂は坂本に、

「幕府が大政奉還により公権力の名分を失ったのちに、鉄砲芝居で幕府を倒す」

という二段階革命論を吹き込んだのである。

こうして見るとサトウが書いた『一外交官が見た明治維新』（原題Ａ ＤＩＰＬＯＭＡＴ ＩＮ ＪＡＰＡＮ）なる著書は、むしろ『一外交官が干渉した明治維新』と改題した方が良いように思われる。

十月十四日は大政奉還という歴史的大変革が決定した日としては秋晴れの穏やかな陽気だった。幕府から朝廷への政権の移譲はこの日の天気のように平和裡に行われるかに見えた……。

しかし、大久保利通から討幕の密勅を受け取った西郷隆盛は、薩摩藩兵三千人を率い、四隻の汽船に分乗して十一月十三日に鹿児島を出発し、京都を目指した。

このとき見送った薩摩藩家老小松帯刀は、

「吉之助は、ないごて、あげん、沸ぎちょるんか？」

といった、という。

いみじくも小松が述べたように、このときの西郷は、これまでの西郷とも、明治維新成立後の西郷ともまったく異なる、別人のような狂気に彩られていた。

このとき西郷は、

「話し合いや和平路線を模索する有力大名がいればこれを刺殺し、江戸において放火・略奪・強盗・殺人などの非合法活動を行って幕府を挑発し、幕府と戦端を開いて、戦意の乏しい幕府を武力討伐して、『刀槍の時代』に代わる『大砲の時代』を確立しよう」

との武闘派らしい決心を固めたのである。

長州藩では奇兵隊・遊撃隊など諸隊千二百人が六隻の軍艦に分乗して十一月二十五日に藩地を出発し、安芸（広島）藩からは十一月二十八日に藩兵三百人が入京した。

事態はいよいよ緊迫の度を深めるのである。

小御所会議

慶応三年十二月九日、慶喜の大政奉還に対抗して朝廷から王政復古の大号令が発せられた。

これを受けてその日の夕刻、朝廷において朝議（小御所会議）が開かれた。出席者は明治天皇並びに公卿衆、大名としては尾張藩の徳川慶勝、越前藩の松平春嶽、土佐藩の山内容堂、薩摩藩の島津忠義、安芸藩の浅野茂勲の五人。このほか越前藩士中根雪江、土佐藩士後藤象二郎、薩摩藩士大久保利通、安芸藩士辻将曹らが列席した。明治天皇はまだ十五歳だった。会議ではまず議定中山忠能が、

「徳川慶喜が大政を奉還し将軍職を辞任したので、王政の基礎を定めるため、この会議を開く」

と開会の辞を述べた。続いて公家側から、

「慶喜に官位（内大臣）の返上と領地の返納を求める」

との議題が出された。

それに対し、まず土佐藩の山内容堂が、

「王政の基礎を打ち立てるこの会議に、徳川慶喜が召されていないのは、公平な処置とはいえない。慶喜を早々に朝議に加えられたい」

とおもむろに発言した。

すると参与の大原重徳が、

「徳川慶喜が政権を奉還したとはいうものの、まず忠誠の実証を見なければならない」

と反論した。大原重徳のいう忠誠の実証とは、徳川慶喜の官位拝辞と所領四百万石の没収、すなわち「辞官納地」である。容堂は怒りを顕わし、

「なんたることをいわれるか。およそ本日のことは頗る陰険にわたっている。徳川慶喜は祖先より受け継いだ将軍職を投げうち、政権を奉還したのだ。その忠誠は誠に感嘆に耐えない。また徳川慶喜の英明は天下に聞こえている。すみやかに徳川慶喜を朝議に参加させて意見を述べさせるべきである。あなたたち公卿はなぜ今日のような独断を行い、敢えて天下の乱階を開こうとされるか」

と断じた。堂々たる正論である。誰も反論することはできなかった。

その直後、勢いに乗った容堂は口を滑らせ、さらに続けて、

「この暴挙を敢えてした二、三の公卿の意中を推しはかれば、幼冲（ようちゅう）の天子を擁して、権力を私（わたくし）しようとするもの」

と、岩倉具視を厳しく糾弾したのである。山内容堂のいうとおりである。

しかし岩倉も負けてはいられなかった。容堂の言葉が肯定されれば、岩倉は不忠の朝臣となるからである。実は当時、

「岩倉具視が孝明天皇を毒殺した」

との噂が広く流布されていた。

既に見たように、孝明天皇ははっきりした公武一和の主張をもたれた天皇だった。

しかるに岩倉具視は、孝明天皇崩御ののち、薩長と結んで孝明天皇の意思とまったく異なる方向へ朝廷を引っ張っていった。このような岩倉の不忠は誰の眼にも覆い隠すことのできない

事実だった。しかも孝明天皇毒殺の下手人と噂される岩倉にとって、容堂からの糾弾の言葉は、岩倉自身の政治生命を抹殺しかねない痛撃だったのである。

突然、矢面に立たされた岩倉は、まなじりを上げて反撃に出て、容堂を、

「御前でござるぞ、お慎みあれ。『幼い天子を擁して』とは無礼にもほどがあろう！」

と一喝した。岩倉は、さらに続けて、

「徳川慶喜が本当に反省しているなら、自ら官位を退き、土地を朝廷に還納すべきである。朝議参加はそれからのことだ」

と声を励まし、居丈高に主張した。末席にいた大久保利通も口を開き、

「慶喜に辞官納地を命じ、抵抗する気配があれば、その罪を鳴らして討伐すべきである」

と岩倉を支持した。

しかし越前藩の松平春嶽、尾張藩の徳川慶勝、安芸藩の浅野茂勲が山内容堂の意見に同調し、議論は深夜に及んで膠着し、形勢不利と見た倒幕派は一時休憩を求めた。

この休憩中に、これまで敷居際に陪席を許されていた薩摩藩士岩下左次右衛門が、西郷隆盛に何やら耳打ちすると、筒袖・兵児帯に刀を差しただけの姿で警備にあたっていた西郷は、

「短刀一本あれば片付くことではないか。このことを岩倉公によく伝えてくれ」

といい含めた。西郷は、

「山内容堂が会議再開後も慶喜の出席を求めて抗論するなら、明治天皇の御前であっても、山

内容堂を刺殺すべき」

と示唆したのだ。議論では勝てないからテロで口を封じよう、というのである。

このとき以降、わが国では、政局の大きな岐路において、慎重論を唱える反対派の代表的人物を問答無用の暗殺によって抹殺し、暴力的な政策を実行するという悪弊が拡がる。

岩下左次右衛門を通じて西郷の意向を伝え聞いた岩倉は、「なるほど」と唸り、西郷のいうとおり短刀を懐に入れ、山内容堂刺殺の決意を浅野茂勲に伝えた。大事を聞いた浅野はこの話を家来の辻将曹に語り、辻は後藤象二郎に伝え、後藤はこれを主君山内容堂と松平春嶽に伝えた。西郷の殺意と岩倉の決心を知った容堂と春嶽は、論争はこれまでと観念し、身の危険を感じて沈黙した。

かくして朝議は徳川慶喜に「辞官納地」を命ずることを決定した。

西郷は、山内容堂刺殺を黙示して出席者を脅迫し、実質上の武力倒幕方針を決めさせたのである。イギリス型公議政体への移行を理想とした徳川慶喜の大政奉還は、結局、西郷隆盛ら武力倒幕派に隙を見せただけ、という不毛な結末に終わった。

将軍、京を去る

徳川慶喜を排除した小御所会議で朝議が辞官納地を決定したとき、慶喜は近代化された幕府陸軍の大部隊を伴って、京都の二条城にいた。慶喜が京都で率いていたのは幕府陸軍五千余人、会津藩兵二千余人、桑名藩兵千余人など一万余人の大軍である。

辞官納地のことは、翌日の十二月十日、二条城内の徳川慶喜に伝えられた。

一方、京都には薩摩藩兵・長州藩兵・安芸藩兵が続々と入ってきた。長州藩先遣隊は十二月十一日に宮門警護につき、後続部隊も相次いで入京の予定となっていた。

薩摩・長州・安芸藩兵が大挙して入京すると、京都は緊迫した雰囲気になり、幕府軍と薩長芸軍が充満して両軍の間で斬り合いなど小競り合いが生じ、双方に死傷者が出た。一万余人もの大軍を擁して二条城にいた幕府陣営では、若年寄大河内正質（まさただ）、陸軍奉行竹中重固（しげかた）らが討薩の戦術検討に入り、京都市街は一触即発の情勢となった。

この状況を見た反倒幕派は巻き返しを図り、山内容堂が朝廷に対し、

「今や市中には薩・長・芸と会津・桑名の各藩兵らが対峙し、情勢は緊迫している。このまま日を過ごせば、不測の禍乱が生ずるのは明白である。既に王政一新の基本はほぼ定まったから、すみやかに戒厳を緩め、議事制度を起こし、諸侯に会同を命じて、朝廷の御趣意は公明正大でいささかも偏頗（へんぱ）でないことを宣明せらるべきである。また慶喜が官一等を下り政府の経費を献上すべきは勿論であるが、慶喜にそうさせるのならば、諸侯一同もこれにならうべきである」

との長文の意見書を提出した。すなわち、戒厳を解いて薩長軍と幕府軍を引き離し不測の事態を回避すると同時に、議事制度を興し、諸侯に参集を命じて諸大名会議を開くとともに、慶

喜だけでなく諸大名も応分の負担により朝廷へ経費を献上しよう、といったのである。

徳川慶喜にとって悪い話ではない。一万余人の幕府軍で、入京してきた薩長軍約五千人を討たずとも、事は円く収まり、公議政体への移行が可能になりそうである。「納地」の問題も、徳川慶喜が議長となる諸大名会議で幕府と諸藩の分担率を定め、朝廷に費用を献上することで、収まりそうである。しかも、その分担率を決めるのは徳川慶喜自身ということになりそうである。

要するに、予期せざる偶発戦争さえ回避すれば、あとは山内容堂が円満に話をまとめてくれそうである。今はただ、「偶発戦争を回避すること」が最も重要であるように思われた。

慶喜は、殺気立つ京都を去ることを決意した。

幕府軍が京都に残留して薩長軍と衝突して不測の事態に立ち至るよりは、はるかに得るものが大きい、と判断したのである。

徳川慶喜は後事を山内らに託して、十二月十二日午後六時頃、老中板倉勝静、会津藩主松平容保、桑名藩主松平定敬らを従え、京都の二条城を出て大坂城へ向かった。

慶喜の下坂について、大久保利通は、

「慶喜は大坂城を根城として親藩・譜代を結集し、持久策を取り、陰で朝廷へ働きかけて勢力挽回を図るのではないか」

と観測したが、実にそのとおりであった。

大坂へ下った慶喜は、着々と巻き返しに出た。慶喜は既に十二月九日、京都から江戸へ急報を発して幕府陸軍と幕府艦隊に来援を命じている。いずれも慶喜が手塩にかけて育てた陸海の最精鋭部隊である。慶喜は大坂城へ入ったあとも、大坂から江戸へ急使を遣わし、さらなる援軍を要請し、シャノワンらフランス軍事教官団にも大坂城への参集を求めた。援軍の要請を受けた江戸では、緊迫した京都情勢が充分に伝わっておらず、陸軍部隊の動員は手際良くいかなかったものの、開陽丸・富士山丸・蟠龍丸などの幕府軍艦は十二月下旬までに大坂湾に集結した。こうして慶喜は、大坂城を拠点として軍事的優位の確立を図ったのである。

さらに慶喜は外交面でも手を打ち、十二月十六日、フランス・イギリス・アメリカ・イタリア・プロシャ・オランダの六カ国の公使を引見して、その席で小御所会議の結論を非難し、

「旗本・譜代諸藩は薩長の暴戾(ぼうれい)の罪を責め、『兵を挙げる外なし』と自分に迫るが、自分から乱階を開くのは好まないから、ひとまず下坂した。自分は全国民と同心協力して正理を貫こうと願っているので、諸外国は日本の内政に干渉してはならない。自分は外交責任者として外国との条約を守る」

と率直に自分の立場を述べ、徳川政権の正統性を諸外国に認めさせた。慶喜は、こうして岩倉具視や西郷隆盛らに対して、外交的勝利を勝ち取ったのである。

「納地」の問題も、大久保利通らの「徳川家の領地をすべて取り上げる」

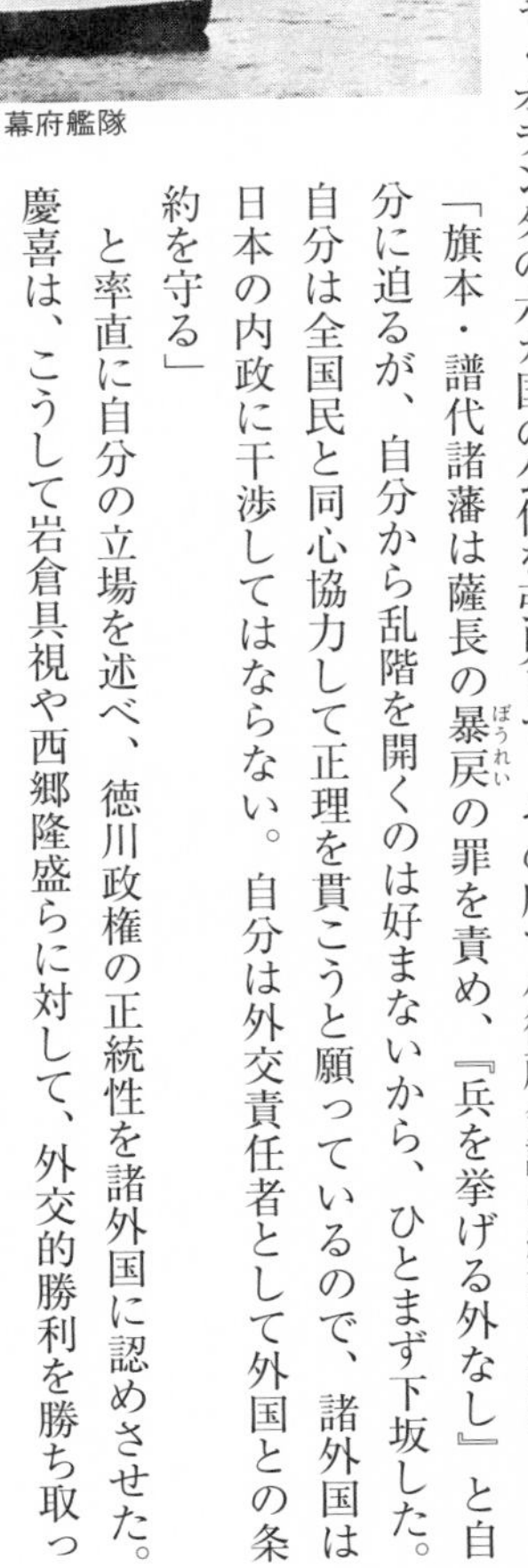
集結した幕府艦隊

という主張はうやむやになり、結局、徳川家と諸大名が所領の一定割合を朝廷の費用のために献上する、という話にスリ替わった。しかも献上する費用の分担割合は、徳川慶喜が主宰する諸大名会議で決定することになったのだ。

　こうなれば幕府にとって実害はない。慶喜は、朝廷からの『辞官納地の諭書（さとししょ）』への返事として、ためらうことなく諒解の意思を示し、

「辞官の儀は前内大臣と称すべく、政務御用途の儀は天下の公論をもって御確定遊ばさるべし、との御沙汰の趣、謹んで承りぬ」

との『請け書』を朝廷に提出した。暮れも押し迫った十二月二十八日のことである。

岩倉具視や大久保利通らが目指した徳川慶喜に対する「辞官納地」は、結局、

一、徳川慶喜が内大臣を辞任して、前内大臣となる

二、徳川慶喜が諸大名会議を主宰し、この国の最高執権者として、幕府・諸大名から朝廷への費用献上の分担率を取りまとめる

というふうに骨抜きになった。慶喜もなかなか粘り腰だ。

十二月九日の小御所会議で辞官納地が決定してピンチに陥った慶喜は、十九日後の十二月二十八日には政治的挽回を果たした。京都を去って下坂した慶喜は巻き返しに成功したのだ。

もう暮れの十二月二十八日である。

徳川慶喜は、これでようやく静かな正月を迎えられる、と安堵したに違いない。

相楽総三の薩摩御用盗

ところがこのとき、幕府お膝元の江戸市中の治安が極度に悪化し始めた。

十月十四日の大政奉還により武力倒幕の大義名分を失った西郷隆盛が、同じ十月、関東郷士の相楽(さがら)総三に、

「江戸市中を攪乱し、幕府を挑発せよ」

との密命を与えて江戸の薩摩藩邸へ送り込み、江戸で騒擾を起こさせたからである。

前述のとおり、薩摩藩家老小松帯刀が「吉之助は、ないごて、あげん、沸ぎちょるんか」といった頃、西郷は既に、

「江戸において放火・掠奪・暴行・殺人等の非合法活動を行って騒擾を起こし、幕府を挑発して、幕府との戦端を開く」

との決心を固め、その目的のため、相楽総三を使ったのである。

その意味で、相楽総三は西郷隆盛に雇われたテロリストだった、といえる。

相楽総三は、若くして尊皇攘夷活動に身を投じた男で、本名は小島四郎。志士活動を通じて、

薩摩のテロリスト伊牟田尚平や益満休之助らと知り合い、その縁から西郷隆盛と面識をもったのだ。

西郷から密命を受けた相楽は、江戸近辺で騒擾を起こすべく、夜な夜な街を徘徊し、乱暴・狼藉の者を見つければ、金員を提供して薩摩藩邸へ囲い込み、総勢五百人からなるテロ部隊を組織した。この浪士団は相楽総三の私兵であり、乱暴・狼藉・無頼（ぶらい）の実行集団である。

相楽は、この浪士団に、富商・富豪へ押し入って金品を強奪する非合法活動を行わせ、強奪した金品で、新たに乱暴・狼藉・無頼の者を徴募して集団を増員した。

毎夜のように鉄砲をかかえ抜刀した正体不明の無頼の集団が三十人、五十人と徒党を組んであちらこちらに押し入った。日本橋金吹町（きんぶきちょう）の公儀御用達播磨屋新右衛門方に押し入った賊は一万八千両の大金を強奪した。浅草蔵前の札差伊勢屋では、大胆にも川舟で乗りつけた賊三十余人に襲われ、三万両を奪われる被害に遭った。こうした時節柄、充分な警戒を怠らなかった本郷追分の高崎屋も被害に遭った。高崎屋では夜は店舗を角材格子で固く閉ざし、二階には警鐘まで吊って用心していたが、多人数で押しかけた賊は掛矢（かけや）を振るって錠前をうち破り乱入した。賊は、警鐘を聞いて駆けつけた近所の住人三人を斬殺し、さらに高崎屋の家人七人を惨殺し、金銀をことごとく奪って逃げ去った。

このように、毎夜のように富豪の町家へ押し入り、無辜（むこ）の市民を殺害する正体不明の無頼集団には、三つの特徴があった。その、

第一は、「御用金を申し付ける」と口上する
第二は、言葉に、薩摩訛りのある者がいる
第三は、金品強奪後に逃げ込む先が、決まって芝三田の薩摩藩江戸藩邸だった

ことである。

江戸町民はこの無頼集団を、「薩摩御用盗」と呼んで恐れた。

そして夜になると日本橋、京橋、芝、神田、品川あたりの盛り場ですら、人の往来がばったり途絶える有り様となった。

事態を憂慮した幕府は、譜代の庄内藩主酒井左衛門尉忠篤に江戸市中取り締まりを命じたが、薩摩藩を刺激しないよう慎重を期すべく厳命したので、酒井の江戸市中警備は微温的なものとなった。

相楽総三らは、自分らの過激な非合法活動にもかかわらず幕府が動かないことに業を煮やし、騒動を野州（やしゅう）（栃木県）、甲州（山梨県）、相州（神奈川県）といった江戸周辺部へ拡大して騒擾の兵を挙げ、幕府を挑発した。

十一月二十七日夜、関八州取締出役渋谷和四郎のもとに、驚くべき情報が入った。

「四、五十人の浪士風の一団が奥羽街道を野州方面に向かっている」

というのである。武蔵の国学者竹内啓（たけのうちひらく）に率いられたこの一団は、栃木県都賀郡鍋山村の出流山（いずるさん）満願寺に入ると、薩摩藩旗を翻して官軍先鋒薩摩藩分隊を名乗り、竹内啓が倒幕挙兵の請願文を読み上げて檄を飛ばした。そして近郷から、国定忠治の遺児大谷千乗らを含め無頼の徒や窮乏農民など約三百人を糾合し、あたり一帯を横行して金穀を強奪した。急を聞いて驚いた渋谷和四郎は、直ちに農兵からなる討伐隊を編成し、十二月十一日に竹内らを制圧した。竹内啓は捕らえられて松戸宿の河原で斬首されたが、竹内配下の敗残兵は芝三田の薩摩藩邸へ逃げ込んだ。

ついで十二月十五日、武州の名主上田修理率いる一団が、甲府城乗っ取りを目指して薩摩藩邸を出発し、八王子の娼楼に泊まったところを、幕府の八王子千人同心に急襲されて壊滅し、上田修理ら数人は命からがら薩摩藩江戸藩邸へ逃げ帰った。

同じ十二月十五日夜、常陸郷士鯉淵（こいぶち）四郎らの一団三十数人は、相模国にある荻野山中藩（小田原藩の分家）の陣屋を急襲して陣屋を焼き払ったが、急を聞いた小田原藩兵が出動すると、鯉淵四郎らは薩摩藩江戸藩邸へ逃げ帰った。

江戸近辺での騒動が鎮圧されると、相楽総三らは、再び、江戸市中での騒擾を激化させた。

十二月二十二日夜、江戸市中警護の任務にあたっていた庄内藩屯所が銃撃され、翌十二月二十三日未明には江戸城二の丸で不審火があり、これは薩摩藩の仕業（犯人は伊牟田と益満）と見なされた。

また同日夜、神田川岸にあった関八州取締出役渋谷和四郎の屋敷が浪士らに襲われ、家族が殺害された。これは出流山挙兵を鎮圧したことへの報復だった。

さらに同夜、三田の吹貫亭（ふきぬけてい）という寄席で休息中の庄内藩見廻隊に数十発の銃弾が打ち込まれる事件があり、これも薩摩浪士の仕業と見られた。

これら幕府の弱腰を哄笑（こうしょう）するような薩摩浪士の相次ぐ挑発に、それまで隠忍自重してきた幕府もついに堪忍袋の緒が切れ、老中稲葉正邦は江戸市中取締酒井左衛門尉忠篤に薩摩藩江戸藩邸の焼き討ちを命じた。稲葉から命令を受けた庄内藩兵・上ノ山藩兵・岩槻藩兵・鯖江藩兵等からなる諸隊は、十二月二十五日早朝、浪士団の策源地である芝三田の薩摩藩邸を包囲し、下手人の身柄を渡すよう要求。薩摩藩邸が要求を拒否すると、同日朝七時頃、諸隊はテロの巣窟薩摩藩邸への攻撃を開始した。

いわゆる「薩摩藩邸焼き討ち事件」である。

このとき相楽総三は、

「しめた！　これでわが任務は達せられた！」

と快哉を叫び、京都でこの知らせを聞いた西郷隆盛は、居合わせた土佐藩の谷干城に、

「これで開戦の口実ができもうした。急ぎ貴藩の乾（板垣退助）さんに知らせて下さらんか」

といってニヤリと笑ったと、谷干城は『隈山詒謀録（わいざんいぼうろく）』に回顧している。

討薩表

江戸薩摩藩邸焼き討ちの知らせは、早くも十二月二十八日、大坂城内の幕府軍に伝えられた。知らせを聞いた大坂城内の幕府軍諸将は憤激し、在坂の閣老も徳川慶喜もその渦に巻き込まれる。慶喜は、薩摩藩を非難する文書を朝廷へ差し出すこととした。

つい先だっては幕府軍と薩長軍の不測の流血を避けるため京都の二条城を出て大坂城へ下坂した慶喜は、このとき冷静沈着さを失い、ついに西郷隆盛の挑発に乗ってしまったのだ。

慶喜は、慶応四年（明治元年）正月一日、『討薩表』を記し、

「去月九日以来の御事体を恐察奉り候えば……島津修理太夫奸臣共より出候は天下の共に知る処。江戸、野州、相州の他所乱暴劫盗（こうとう）に及び候も、同家来の唱道により……」

と薩摩藩を弾劾し、さらに、

「前文の奸臣共お引き渡し御座候ようご沙汰下されたく、万一ご採用あいならず候わば、やむを得ず誅戮を加え申すべく候」

とし、首謀者引渡しがなければ薩摩藩を攻撃する、と軍事対決を表明したのである。

一月二日朝、『討薩表』は大目付滝川具挙（ともあき）に渡され、老中格大河内正質を総督とする一万五千人の幕府軍が、京都へ向けて大坂城を進発した。このとき大坂城には徳川慶喜をはじめ八千人が残留した。

総督大河内正質が率いる幕府軍一万五千人は、同日夕刻、淀城下へ入り、全軍を、

一、鳥羽街道を前進して、鴨川に架かる小枝橋を渡り、上鳥羽から羅城門跡を経て九条の東寺から入京する「鳥羽方面隊」

二、伏見市街を経て、伏見街道を北上し、五条大橋から入京する「伏見方面隊」

の二つに分けた。

かくて翌一月三日、鳥羽伏見の戦いが勃発する。

鳥羽伏見の戦い

一月三日早朝、幕府鳥羽方面隊は、第一陣として『討薩表』を持参した大目付滝川具挙の部隊千六百人が淀城下を出発し、午後三時頃、鴨川にかかる小枝橋の手前約六百メートルの赤池村に到着して、二列縦隊の行軍隊形のまま大休止した。

一方、幕府軍の入京を阻もうとする薩摩軍は、小枝橋の前面に矢来を組み小銃陣地・砲兵陣地を構築して、滝川隊の通行を妨害。薩摩軍は滝川隊を前面と右側面から包囲し、大砲に弾込めを済ませ、滝川隊に照準を合わせた。

滝川隊は、赤池村の北端で、薩摩軍に「通行を邪魔するな」と主張し、薩摩藩は「通行を認めない」といい張って押し問答となり、両者が二時間近く応酬を繰り返すうち午後五時頃になり、冬の太陽は西へ傾き、あたりは日没の様相となった。

長時間の交渉に業を煮やした滝川が強行突破を決意して行軍を開始しようとした矢先、二時間にわたって照準を合わせていた薩摩藩の大砲が一斉に砲撃を開始した。

滝川隊は、行軍隊形のため、大砲・小銃に弾込めをしていなかった。滝川隊は、いきなりの被弾で大混乱に陥って退却に転じ、夜十時頃、淀城下へ戻った。

薩摩軍のこの作戦は、西郷隆盛が薩摩藩参謀伊地知正治（まさはる）に、

「鳥羽街道は道幅が狭いので、幕府軍の隊列は縦に長く細く伸びきるだろうから、横合から急襲して、幕府軍の隊列を分断するのが良い」

と助言したものが図にあたったのである。

その頃、伏見方面では、薩摩藩砲兵隊が長州藩兵・土佐藩兵・安芸藩兵と協同して御香宮（ごこうのみや）神社に布陣し、幕府軍は会津藩兵・新撰組・幕府伝習歩兵等が連携して伏見奉行所周辺に布陣し、両軍は睨み合っていた。

午後五時頃、突如、静寂を破って鳥羽口での砲声が伏見に届くと、これを機に御香宮神社の薩摩藩の大砲が一斉に火を吹き、砲弾は幕府軍が駐屯する伏見奉行所付近へ次々に落下した。

夜間に至ると、焼夷弾を交えた薩摩藩の砲火により伏見市街に大火災が発生し、幕府軍の動き

は火におおわれて明るく照らし出され、幕府軍は敵に晒した姿をさらに狙撃される事態に陥った。陸軍奉行竹中重固は、深夜に至って、苦戦中の幕府軍に退却命令を下し、この日の伏見口の戦闘は終わった。

明けて一月四日。

淀城下で態勢を立て直した幕府軍は、朝五時頃、幕府陸軍歩兵奉行並佐久間信久（のぶひさ）を新たな将として鳥羽方面へ進出させ、霧が晴れた午前八時頃から砲兵頭並安藤鏐太郎（りゅうたろう）が指揮する幕府砲兵隊が砲撃を開始した。歩兵部隊を前方へ進出させ、後方に散開した砲兵隊が薩摩軍陣地を叩く、正攻法である。

徳川慶喜が大金を投じてフランスから購入した大砲の性能は良好だった。幕府砲兵隊の砲弾は殷々たる砲声を轟かせて、小枝橋前面の薩摩藩前哨陣地に次々と着弾した。

佐久間信久隊は、幕府砲兵の支援砲撃を背に戦闘正面を直進し、赤池村付近の薩摩藩兵を蹴散らして小枝橋の前面へ出て、小枝橋を固める薩摩軍主力を撃破すべく猛射を浴びせた。

ところがこのとき、突如、薩長陣営に錦旗が翻った。

この日、征討大将軍仁和寺宮嘉彰（にんなじのみやよしあきら）親王に授与され、護衛小隊に守られて南下した錦の御旗（玉松操が密造したもの）が激戦場の薩長陣営に届いたのである。

それでも佐久間信久は、錦旗にひるまず勇躍猛進して小枝橋の薩摩軍陣地を崩し、勢いに乗って、鴨川を越えて退却する薩摩兵を追って、部隊の先頭に立った。

必勝の形勢である。

しかし部隊の先頭に立って叱咤する馬上の佐久間信久は、突如、狙撃されて絶命した。堤に隠れていた薩摩兵に、至近距離から、小銃で狙い撃たれたのである。

主将佐久間信久を喪って統制を欠いた佐久間隊の残兵は薩長軍に包囲され、佐久間隊は壊滅状態となった。一月四日午後二時頃のことである。

淀城下にいた総督大河内正質は、同じ頃、伝令によって錦旗の出現を知った。

大河内総督は、朝敵となっても薩長軍と戦うべきか、恭順して撤兵すべきか判断を迷い、戦闘中の幕府軍に「ひとまず淀城下へ撤退」との退却命令を下したのである。

明けて一月五日。

幕府軍は狭隘な淀城下を出て、木津川を渡って退却し、橋本から八幡にかけて陣を敷いた。橋本・八幡は前面が木津川、西側が淀川の要害の地であり、薩長軍の進撃を食い止めるには適当、と判断されたからである。

大坂城の徳川慶喜は、この一月五日、鳥羽伏見の苦戦を聞くと、決然として、

「たとえ千騎戦没してただ一騎となるも、退くべからず。汝ら宜しく奮発して、力を尽くすべし」

と檄を飛ばし、幕府軍将兵を鼓舞激励した。

明けて一月六日早朝、薩長軍は舟で木津川を渡り、橋本・八幡の幕府軍を攻撃した。すると午前十一時頃、幕府の命令で橋本対岸の山崎を守っていた津藩の藤堂軍が、薩長側に寝返り、

幕府軍の側面へ砲撃を加えてきた。

味方の津藩の裏切りに遭って、幕府軍の士気は一気に崩壊した。幕府側は「その行い、藩祖（豊臣方を裏切った高虎）に似たり」と藤堂軍を誹ったが、後の祭りであった。

しかし緒戦に負けたとはいえ、薩長軍五千人に対し、幕府軍は大坂城内の八千人を加えれば、二万三千人の大軍である。しかも幕府陸軍最精鋭の奥詰銃隊は無傷である。

幕府軍将兵は翌七日の決戦に望みをかけた。

そこで徳川慶喜は、六日夜、陣頭指揮を望む諸将らに対し、

「明朝、自ら出陣して、反攻に移る」

と宣言し、全軍に七日早朝の出撃を下令した。

ところが慶喜は、六日夜十時頃、前言を翻し、松平容保、松平定敬らを伴って慌ただしく大坂城を退去し、大坂湾から軍艦開陽丸で江戸へ戻り、江戸に着くなり主戦論者の勘定奉行小栗上野介、海軍総裁榎本武揚、歩兵奉行大鳥圭介らの意見を退け、恭順に踏み切った。こうして幕府軍の敗北が確定したのである。

朝廷は翌一月七日に徳川慶喜追討令を発し、山陰道鎮撫総督・東海道鎮撫総督・東山道鎮撫総督・北陸道鎮撫総督を任命。さらに、そのうえに東征大総督府を置き、総督に有栖川宮熾仁（たるひと）親王を、参謀に西郷隆盛・広沢真臣らを任じた。

西郷隆盛に使い棄てられた相楽総三

本章の最後に、相楽総三について述べておきたい。

薩摩御用盗が幕府を挑発して鳥羽伏見の戦いが勃発すると、相楽総三は西郷隆盛の指示により、青年公卿綾小路俊実(としざね)を盟主として、慶応四年一月八日、近江国松尾山の金剛輪寺で赤報隊を結成した。

相楽総三を隊長とする赤報隊は一番隊から三番隊まであり、主力の一番隊は江戸で薩摩御用盗の乱暴狼藉を働いた相楽一派が中核となり、二番隊は近藤勇と対立して新撰組から別れた御陵衛士(ごりょうえじ)が、三番隊は近江水口藩士など近江出身者が中核となった。

また赤報隊には、博徒(ばくと)黒駒勝蔵のような無宿・無頼の者もいた。黒駒勝蔵は甲斐国黒駒村を拠点に黒駒一家を率いた親分で、富士川舟運の権益を巡って、清水次郎長と抗争を繰り広げたが、慶応元年に大規模な博徒取り締まりを受けると黒駒一家を解散して甲斐を離れ、動乱の慶応四年一月、小宮山勝蔵と改名して赤報隊に入隊した。

赤報隊は、西郷隆盛ら新政府から「年貢半減」を幕府領の民衆に喧伝するよう命じられ、東山道軍先鋒となって年貢半減を布告・宣伝しながら東山道を進み、民衆の支持を得た。この頃、全国各地で一揆が頻発しており、赤報隊が唱える年貢半減は各地で歓迎され、東山道軍の江戸進撃をおおいに助けたのである。

しかし財政窮乏の折り、新政府といえども年貢半減など不可能である。そこで西郷は、「年貢半減は、相楽総三ら赤報隊が勝手に触れ回ったことである」として、赤報隊の約束した年貢半減を否定したうえ、「赤報隊は、官軍の名を利用して沿道から金穀を強奪する偽官軍」と宣告した。赤報隊は、こうした新政府の方針変更によって、偽官軍となった。

赤報隊は信濃路を進み、二月六日に下諏訪宿へ入って拠点としたが、東山道軍が信州諸藩に赤報隊捕縛令を下したため、二月十七日、小諸藩など近隣諸藩の攻撃を受けて惨敗。相楽総三は捕縛され、三月三日に下諏訪宿で処刑された。享年三十歳。まだ二十代だった総三の妻の照は、総三の処刑を聞くと、息子を総三の姉に託し、あとを追って自殺した。

要するに相楽総三は、慶喜の大政奉還によって武力倒幕の名分を失った西郷隆盛に利用され、江戸市中攪乱によって幕府を挑発して鳥羽伏見の開戦を呼び込み、年貢半減を唱えて東山道軍の東進をおおいに助け、西郷隆盛の武力倒幕成就に道筋をつけて、用が済んだら、殺されたのである。

西郷隆盛にとって、相楽総三や赤報隊は、最初から使い棄ての道具に過ぎなかったのだ。

「狡兎死して、走狗烹らる」とは、相楽総三のことなのか。

西郷隆盛という人物は本来正義感の強い男であると見られている。しかしその正義感とは、ごく普通の良心程度のものであったということである。動乱という時代に身を置いたとき、勝たなければわが身が消える。とはいえ、江戸市中で無差別テロを展開するという手段はあまりに下劣であった。

こうした陰謀も冷血も、「敬天愛人」を唱えたとされる西郷隆盛の偽らざる真の姿なのである。

終章

万民平等の実現

今なお残る主戦論

今日、薩摩軍砲兵陣地があった京都伏見の御香宮神社境内には、山口県出身の元総理大臣佐藤栄作氏による、

「明治維新の大業をもたらし、わが国を近代国家に進めた鳥羽伏見戦は、日本史上また世界史上、誠に重大な意義をもつ」

との趣意の無邪気な礼賛の一文が掲示されている。

しかし、鳥羽伏見の戦いを「わが国の滅亡の始まりだった」と見て、幕府軍は断固として薩長軍と戦い薩長軍を屈服させるべきだった、との見解も少なくない。

そうした主戦派の幕臣たちは、戦闘を放棄して江戸へ逃げ帰った徳川慶喜の変節ぶりや優柔不断ぶりを「二心殿」とか「豚一殿(ぶたいちどの)」(肉食を好んだことよる)と呼んでさげすんだ。彼ら主戦派の作戦とは、幕府軍は大坂城を拠点として、全力で戦えば勝てた、とする左記のようなものである。

一、一月六日の時点で、徳川慶喜は幕府軍二万三千人と大坂城に籠城する

二、幕府海軍の全艦艇を大坂湾内へ集結して大坂湾の制海権を握り、明石海峡と紀淡(きたん)海峡を封鎖し、在京薩長軍への汽船による兵員・弾薬・食糧の補給を遮断する

三、在京薩長軍の最大の弱点は遠い国元から汽船に頼る補給なので、幕府海軍に補給線を断たれると砲弾不足に陥ってしまう

四、大砲・小銃は弾丸を撃ち尽くせば無用の長物だ。弾丸がなければ戦はできない。いかに精強な在京薩長軍も、兵員・弾薬の補給が途絶すれば「桂馬の高飛び、歩の餌食（えじき）」という弱体化した状態になり、丹波路あたりから撤退するしかない

要するに薩長軍の補給を絶てば勝てたということなのである。

もともと長州藩毛利家は伝統的に補給戦が不得手であった。戦国の世に毛利家が豊臣秀吉・徳川家康の後塵を拝し中国地方の太守の座に止まったのは、補給戦が不得手だったからである。かつて毛利水軍は、織田信長と敵対した大坂の石山本願寺へ兵船による兵糧米搬入を図ったが、大坂湾木津川口で織田水軍に敗れ、兵糧米の搬入に失敗した。また豊臣秀吉に包囲され飢餓に瀕した鳥取城救援に向かった際も、毛利軍は、城内への兵糧搬入に失敗し、鳥取城は落城の憂き目にあった……。

このように長州藩毛利家が伝統的に補給戦が不得手なのは、長州という土地が地味豊かで農産物に恵まれ、三方は豊饒の海に面して豊富な魚介類が獲れ、そもそも長州藩に「補給」という概念が生じなかったからである。

のちに、「長の陸軍」と呼ばれた長州人脈が日本陸軍を牛耳ったが、日本陸軍の補給軽視は

長州藩のこのような伝統に遠因がある。

「輜重輸卒（補給兵のこと）が兵隊ならば、蝶々トンボも鳥のうち」

などと失礼千万な戯れ唄を歌って補給を軽視し、補給兵の労苦に心を配ることなく、むやみに戦線を拡大して制空権・制海権の圏外へ兵員を送り、伸びきった補給線を分断されて日本陸軍を崩壊に導いたのは、鳥羽伏見戦をはじめとする短期決戦の成功体験であった。

一方、奇襲攻撃を受け緒戦で負けてすぐに諦めた幕府軍の敗北主義も困ったものだ。

源頼朝は緒戦の石橋山合戦で大敗したが、長い戦いの末、やがて平家を滅ぼし、鎌倉幕府を開いた。

アメリカ南北戦争でも、緒戦のリッチモンド攻略戦での敗北にもかかわらず北軍は、優れた補給能力を活かし、最終的には勝利をつかんだ。

戦争の勝敗は「補給力」と、補給戦の主役である「海軍力」が重要な決定要因なのだ。

だから緒戦で敗れても、補給戦を勝ち抜く海軍力をもつ者が、最終的に勝利する。

かかる考察に立てば、

「圧倒的に優勢な海軍力をもつ幕府は、大坂城に籠城し、薩長軍と断固戦うべきだった」

という見解もありえる。

だから、大坂城に二万三千人もの大軍を擁し圧倒的な海軍力をもちながら江戸へ逃げ帰った慶喜は、主戦派の幕臣たちから「二心殿」「豚一殿」と侮蔑されるのである。

悲劇の始まり

このように、純粋に軍事面だけから考えれば、主戦論の方が正解のようである。

徳川慶喜としても、鳥羽伏見戦の敗報が伝えられた一月五日には「たとえ千騎戦没してただ一騎となるとも退くべからず」といい放って戦意を露わにし、六日夜には慶喜の出陣を望む諸将に「自ら陣頭指揮して、反攻に移る」と出撃を宣言したのだ。

しかるに慶喜は、大坂城を脱出して江戸へ戻り、恭順謹慎して自ら政権を捨てたのである。

実は、この慶喜の変心の陰に、会津藩公用方（くようかた）兼軍事奉行添役神保修理の必死の「諫言」があった。

神保修理は会津藩家老神保内蔵助の嫡男である。藩校日新館で秀才の誉れ高かった神保修理は聡明かつ温厚沈着な性格を愛され、会津藩の数少ない文治派として京都守護職松平容保に随行して入京した。そして公用方となって渉外を担当し、勝海舟など天下の人士と幅広く親交していた。その後、神保は藩命により長崎へ出張し、外国事情調査や幕府に敵対する西南雄藩の有力藩士らと交遊する任務に携わっていた。しかし大政奉還以降の政局が激動の様相を呈してきたので、急遽、長崎から大坂へ呼び戻され、会津藩軍事奉行添役となって、大坂城にいる藩主松平容保の側近くに仕えていた。

神保は、鳥羽伏見戦が始まると大坂城を出て前線の戦況視察を行い、奇襲砲撃を受けた伏見

口での緒戦の混乱や、薩長側に錦旗が翻った様子を見て大坂城へ戻り、一月五日夕刻、藩主松平容保に、

「戦況は不利、薩長側に錦旗が授けられた以上、最早兵を撤収し、恭順の意を表わすべきである」

と報告した。

一月六日夜、緒戦の敗戦に戦況判断と出処進退を迷った徳川慶喜が、かねて勝海舟からその人となりを聞いていた神保修理を身近に召して、意見を聞いた。

これが幕府滅亡という悲劇の始まりだった。ここで神保は、緒戦で奇襲攻撃を受けた味方の犠牲に眼を奪われて悲観的な戦況報告を行うと同時に、

「錦旗を掲げた者は、たとえ何者であっても、官軍でございます」

との尊皇論を申し述べて、慶喜に恭順を薦めたのである。

既に見たように、そもそも討幕の密勅は天皇の名もなく摂政の署名もない偽勅である。

また古来、朝廷が征討将軍に朝敵討伐を命じる際は節刀を授けるのであって、故事を繙いても、文箱等の御道具類に用いられる菊の御紋章が最前線に登場するなど聞いたことがない。かかる事情を考察すれば、現状は、いみじくも山内容堂がいうように、

「一部の公家や薩長両藩が、幼冲の天子を擁して、権力を私しようとするもの」

なのである。ここに尊皇の心はなく、

「権力奪取という野望の道具として、便宜上、尊皇を自称している」

に過ぎない。彼らは天皇を「玉」と呼び、明治天皇が幼少であることを奇貨として、「玉」を掌中に保持し、政治的に利用しているのである。

神保修理は、たとえそうであっても、錦旗を掲げたものは官軍だ、といった。神保の尊皇論は観念論である。美し過ぎる観念論である。絶対的尊皇論といってもよい。あまりにも真面目で融通が効かない形式論である。

そうではあったが徳川慶喜は神保修理の直諫に従い、大坂城を退去して、東帰した。

もっとも神保修理は恭順を力説したのであって、慶喜に江戸への東帰を薦めた訳ではない。しかし大坂城にいる慶喜が朝廷への絶対恭順に踏み切れば、慶喜は薩長軍からの身柄引渡し要求に応ぜざるを得ない。そうなれば慶喜は幽閉されるか、死罪だ。それが嫌なら、錦旗を掲げた薩長軍と戦わねばならない。

神保修理の観念論的絶対恭順論を受容した徳川慶喜にとって、残された唯一の現実的な選択肢は、江戸へ逃げ帰ることしかなかった。慶喜に絶対恭順を意見具申した神保は、自身の思惑を越えて、結果として、慶喜に降伏を薦めたことになったのである。

こうした神保修理の観念論的言辞は、鳥羽伏見戦で奇襲攻撃を受けつつも最前線で戦った会津藩将兵の憤激をかい、神保修理は官軍に通じていた疑いで切腹させられ、三十年の生涯を閉じる。

徳川慶喜は東帰にあたり、朝廷へ書を奉り、

「この度上京の先使（慶喜の使い、滝川具挙のこと）、途中偶然の行き違いにより近畿騒然に及べるは、やむを得ざる場合にて、もとより天朝に対し奉り、他心あるにあらず。されど、いささかなりとも宸襟を悩まし奉りしは恐懼に堪えざれば、東退仕るなり」

と真情を吐露した。徳川慶喜にとって東帰とは「恐懼して御前から引き下がる」といった意味あいだったようである。

会津藩の神保修理から絶対的尊皇論を説かれれば、慶喜に抗する術はなかっただろう。なぜなら、徳川慶喜の出身母体の水戸藩こそ、「尊皇攘夷」で始まり「尊皇倒幕」で終わる幕末政局のキーワードとなった「尊皇論」の元祖だったからである。

尊皇思想を生んだ水戸藩に与えられた使命

討幕の先頭に立った長州藩では、正月、家老が藩主に面会し、

「関ヶ原の儀、いかが致しましょうか？」

とお伺いをたて、これに対して長州藩主が、

「今年の討幕は無理なので、しばらく様子を見よう」

と答える「秘儀」を、徳川幕藩体制下の二百数十年間、毎年、繰り返していた。

そこには、何がなんでも討幕を果たして関ヶ原敗戦の雪辱を果たそう、との強い執念があっ

た。それは、朝廷であれ何であれ、利用できるものはすべて利用しよう、という必死の思いであり、長州人が天皇を「玉」と呼んで政治的に利用したのもその一環だった。

それは、「真の尊皇」とは、遠くかけ離れたものだったのである。

そもそも、「皇室を徳川幕藩体制の頂点に置く」という幕藩体制下の尊皇論は、水戸藩が率先して提唱した水戸学の根幹をなす思想である。

水戸藩主徳川斉昭が藩校弘道館の建設趣旨として藤田東湖に書かせた『弘道館記』や、その注釈にあたる『弘道館記述義』にも、水戸学の尊皇精神が強調されている。

また幕末の武士の間でベストセラーとなった水戸藩会沢正志斎の『新論』にも、水戸尊皇思想が連綿と説かれている。

かつて若き日の吉田松陰は、水戸を訪れて水戸尊皇論に触れ、

「本居(もとおり)学と水戸学とはすこぶる不同だが、尊攘の二字はいずれも同じ」

と感銘し、さらに会沢正志斎と懇談した松陰は、

「身、皇国に生まれて、皇国の皇国たるを知らずんば、何を以て天地の間に立たん」(『睡余事録』)

との自覚に至っている。

また世に出たばかりの薩摩藩の西郷隆盛は、藤田東湖に会って水戸尊皇思想の真髄に触れ、いたく感激している。

長州藩の吉田松陰と薩摩藩の西郷隆盛を感銘させた水戸尊皇思想こそ、「真の尊皇論」の源

流である。そこには、天皇を「玉」と呼び、幼帝を掌中に保持して権力奪取の道具にする、といった不純さは微塵もない。天皇を自己の権力奪取の道具とした薩長と、その陰謀を充分に承知したうえで、恭順謹慎し自己の権力の一切を投げ捨てた慶喜との大いなる違いこそ、「偽の尊皇」と「真の尊皇」の違いなのである。

では、その「水戸学」とは、一体、何であったのか?

実は、尊皇思想を生んだ水戸藩は、三百諸侯の大名のなかで、極めて特異な存在だった。

水戸藩は、尾張藩・紀州藩とともに将軍家を支える御三家である。しかし水戸藩三十五万石は、尾張藩六十一万石、紀州藩五十五万石と比べて石高も少なく、尾張・紀州藩主の官位が従二位権大納言なのに対し、水戸藩主は従三位中納言に留まった。

一方、水戸藩主は、「定府」といって江戸に在住し、参勤交代の義務がなかったから、水戸藩主は、将軍の近くにいて「御政道」を間近に観察することができた。

徳川家康制定とも偽書ともいわれる公武法制応勅十八箇条は、水戸家の役割について、

「水戸宰相頼房を副将軍と免許たまわるべく候。そのいわれは将軍国政よこしまなる時、水戸家より差図を以て尾、紀両家を見立て将軍相続奏聞すべく候。万一尾、紀両家その任に応ぜざる時は、いずれの諸侯のうち天下を治鎮致すべき品量を奏聞すべく、奏聞候は、水戸家に限るべし」

と述べており、その役割は世間で根強く信じられていた。

水戸家は、御三家といいながらも、自らは将軍に成らず、

「将軍任免権を持つキング・メーカー」

として常に将軍の身近にいて徳川政権を監視する副将軍、いわば取締役会にオブザーバー出席する常勤監査役といった役割を自認していたのである。

徳川光圀の『大日本史』

水戸藩がこうした使命を果たすには、理論的支柱が必要であったが、それを確立したのが水戸藩第二代藩主徳川光圀である。

光圀は、水戸藩藩祖徳川頼房の三男として奥女中久子（水戸藩士谷左馬之介の娘）との間にできた。だが頼房は、愛妾お勝への気兼ねから、光圀を堕胎するよう、家臣三木仁兵衛に命じた。しかし三木仁兵衛は久子を預かり、自宅の屋敷で産ませた。これが徳川光圀の出生である。幼名は長丸。長丸は、かかる出生の事情を配慮して、大名の子としてではなく、庶民の子として育てられ、近所の子供たちと一緒に泥んこになって遊ぶ日々を送った。

長丸は五歳のとき登城して父頼房と対面した。これで頼房の継嗣候補は、お勝の子の刑部（ぎょうぶ）と、頼重と長丸となり、この三名が跡目を争う形となった。そこでときの将軍家光は、付家老（幕

府から江戸の水戸藩邸へ派遣されていた家老）中山備前守を水戸へ派遣して、三児の人物鑑定をさせた。すると五歳の長丸は中山備前守に対し、

「江戸よりの下向、大儀！」

と凛然といい放ち、自ら中山に菓子を与えた。

中山備前守はこれに驚き、幼少ながら威光を発した長丸を頼房の継嗣として推薦した。

こうして長丸は六歳で世子となり、水戸藩江戸小石川藩邸へ入った。

長丸は九歳で元服して光圀（当時は光国）となったが、光圀は、十七歳頃まで、後楽園の泉水へ飛び込んで家鴨を追ったり、吉原通いや試し斬りに熱中したり、悍馬に乗って落馬したり、木綿の小袖にビロードの襟といった伊達衣装で中間部屋へ入り込み下卑た冗談に興ずる生活を常とし、世間の顰蹙をかっていた。

こうしたやんちゃな青春時代を送っていた光圀は十八歳の春、突然、変身する。

『大日本史』の編纂を決意し、「皇室中心の日本全史編纂に全生涯をかける」と宣言したのである。光圀の『大日本史』編纂の発心は、光圀が『史記』の伯夷伝を読み、その清雅の心に感動したためである。伯夷は弟の叔斉と王位を譲り合い山中に隠棲したという伝説上の無欲で高潔な人物である。

本来ならば水子として葬り去られるところ、三木仁兵衛の、

「抗命により」

生を得て、また中山備前守の選定で、

「長幼の序に反して」

兄らを差し置き、御三家水戸藩主後継者となった光圀は、自分が得た水戸藩世子という現在の地位は、三木仁兵衛の抗命と長幼の序に反した、道を外した結果であることを良く承知していた。


こうした「道を外れた者」に、徳川政権を監視する大役が務まるのか？

天才児光圀の青春の苦悩は、ここにあった。

徳川光圀は、水戸藩に与えられた、

「自らは将軍に成らず、将軍任免権を持つキング・メーカーとして、徳川政権を監視する副将軍」

としての御三家水戸藩の使命を果たすための理論的バックボーンとして、『大日本史』の編纂を決意したのである。


徳川光圀は三十歳のとき駒込中屋敷内に彰考館を建て、費用を惜しまず碩学を招き、編纂作業を進めた。諸国を回って史料収集にもあたるが、その執筆の中心となったのが佐々介三郎や安積覚兵衛らである。善を助け悪代官を懲らす『水戸黄門漫遊記』に登場する「助さん」は佐々介三郎、「格さん」は安積覚兵衛の名前を借用したものである。

その後光圀は、自分の子を他家へ養子に出し、兄頼重の子を水戸藩の継嗣（第三代藩主綱条（つなえだ））とした。さらに将来、継嗣争いが生じぬよう、光圀の血統を一代限りで絶やすため、正室泰姫の死後は女色を絶ったのである。

「万民平等の思想」としての水戸尊皇論

水戸藩第二代藩主徳川光圀の治世は、第三代将軍家光・第四代将軍家綱・第五代将軍綱吉が幕権を固めていく時代だった。

第三代将軍家光は、松平信綱や阿部忠秋ら優秀な幕閣を率いて幕権を強化し、弟駿河大納言忠長を自刃へ追い込み、幕藩体制を揺るぎないものとした。

第四代将軍家綱の時代になると、幕府官僚機構は一段と整備され、将軍は幕閣の建言に対し「左様に致せ」というだけで済むようになり、将軍の能力の有無にかかわらず、優秀な幕府官僚群の判断で幕政が運営されるようになり、幕府官僚の頂点に立つ大老酒井忠清が幕政の実権を握り「下馬将軍」と称されるほどの比類なき権勢を誇った。

これに対して水戸尊皇思想は、強大な軍事力を背景に一人勝ちとなった幕府に、「独善と横暴を戒め、畏れと自戒の心を忘れぬよう」警鐘するためのアンチテーゼとして、提唱されたのである。

徳川光圀は、皇室という実際上は政治的にまったく無力な権威を上に戴くことによって、武力で勝ち上がった私的権力としての徳川政権に、徳川家という私的権力を超える公的国家論の息吹を吹き込んだのである。徳川光圀は、水戸学を通じて、幕府官僚たちに、「権力は、正しい為政（御政道）を成すためだけに行使されるべきで、私利私権・自己保身のために行使してはならない」

と教示し、私利私権・自己保身に執着することのないよう戒めた訳である。

しかも水戸尊皇論は南朝正統説を唱え、北朝天皇の上に南朝天皇を置くことによって、北朝天皇の親政を肯定していない。勿論、南朝天皇は、実際上、既に消滅している。

すなわち水戸尊皇論は、日本国内に絶対権力者の存在を認めていないのであって、その本質は、「万民は平等であるという思想」だった、といえる。

そして光圀自身は、良民を苦しめた第五代将軍綱吉の「生類憐みの令」を批判して中央政界を去り、郷里の西山荘へ隠棲して、静かに一生を終えた。自己に課せられた使命を成し遂げたのち、権力の座から去った光圀の想いが「水戸学の源流」として凝縮している。

この水戸学の精髄は、水戸藩出身の将軍徳川慶喜の心にも、深く刻み込まれていた。

条約勅許を獲得し兵庫開港を実現させ、イギリス型議会制度を想定して大政奉還を断行した徳川慶喜は、自分の手で、日本近代化を成し遂げたかっただろう。

鳥羽伏見戦を仔細に検討すれば、幕府が簡単に負ける戦いではなかったことがわかる。しかしそうすれば、外国勢力も介入した激しい内戦となり、どちらが勝っても、わが国の独立は制約を受けたかもしれない。

徳川慶喜に課された最大の使命は、「開国」の完成であるとともに、『大政奉還上表文』で述べたように、わが国に上下二院制のイギリス型議会制度を導入することだった。

慶喜が奉じた水戸尊皇論の本質は、前述のとおり、絶対権力者の存在を認めない「万民平等の思想」であるから、国民平等を前提とする議会制度と最もなじむ思想だった。

その意味で、「万民平等の思想」である水戸尊皇論を奉じた慶喜こそが帝国議会開設への道を開いたのだ、といえる。

幕末のポピュリズム

しかし民主主義にポピュリズムが付き物であるように、士農工商の幕藩体制から慶喜が唱えた議会制度へ転換する過程で、それを理解できない人々によって尊皇攘夷・尊皇倒幕という「幕末のポピュリズム」が発生した。たとえば、

・久留米水天宮第二十二代神主真木和泉は、後鳥羽上皇が鎌倉幕府討滅を企図して討幕の兵をあげ敗北して配流された承久三年（一二二一年）の「承久の乱」の成就を夢見た

・長州人は、玉＝天皇を掌中に奪って関ヶ原の雪辱を果たし政権を奪還しようと考えた

・薩摩藩（七十七万石）の島津久光は、徳川家の石高を七十万石程度へ減封して島津家が徳

川家の上に立ち、徳川幕府に代わって島津幕府を建て天下に号令しようと夢想した
・水戸藩では、かつて関ヶ原で豊臣方について常陸国を没収され大幅減封のうえ秋田へ転封された佐竹義宣（よしのぶ）の旧臣で地元に残り帰農した人々が尊皇攘夷を唱えて暴れ出した
・土佐藩では、かつて関ヶ原で豊臣方について取り潰しとなり帰農した長宗我部の旧臣らが土佐勤王党を作って暴れ出した
・慶応元年の博徒取締りで黒駒一家を解散した黒駒勝蔵や、国定忠治の遺児大谷千乗ら無宿・無頼・無収入の者が食禄を求めて尊皇攘夷を唱えて暴れまわった
・坂本龍馬は、薩摩藩や長州藩や土佐藩を合力させて幕府と戦わせ、南北戦争で使用された最新鋭小銃を密輸入して売り込み、日本人同士を殺し合わせて高利潤を貪ろうとした……

のである。


そして西郷隆盛は、彼ら幕末のポピュリストたちの希望の星であり、大親分だった。

彼らに担がれた西郷は、無血開城した江戸城から接収した大量の銃砲類や幕府軍艦を使用して東北諸藩を討滅し、その戦利品を西軍へ食禄として与えた。

これが賞典禄である（西郷は自らも、臣下として最高の二千石を受け取った）。

奥羽越戊辰戦争とは、新政権の支配者となった官軍が東北軍を完膚無きまでに叩きのめし、その戦利品を配下への食禄として与え、東国を日本近代化のスプリング・ボード（跳躍台）と

して搾取と隷属の対象にするということだった。世間では、こうした名分無き暴力を「いじめ」といっている。古来の日本には無かったのに、近年、大きな社会問題になった「いじめ」という嫌な現象は、西郷隆盛が仕組んだ奥羽越戊辰戦争が始まりであった。

賊軍の汚名を着せられた会津藩は新政府に恭順し、必死に和平の道を模索した。そして会津藩江戸藩邸の中心人物である公用方広沢富次郎が、江戸へ進駐してきた西軍大総督府の西郷隆盛に和平嘆願することになった。広沢富次郎は頭脳明晰・人物温容の逸材で、かつて京都を舞台に藩の渉外を担当し、「会津に広沢あり」と令名を響かせた。さらに広沢富次郎は、薩摩藩と会津藩が長州藩を京都から追い出した文久三年（一八六三年）の八・一八政変の際、薩摩藩との折衝にあたったことから薩摩藩に知己が多く、西郷隆盛、大久保利通とも面識があった。そこで広沢富次郎は、恭順表明・和平嘆願のため、西郷との面会を求めて大総督府に出向いたのである。

しかし西郷は広沢との面会を拒絶し、有無をいわさず広沢を捕らえて獄舎に繋いでしまった。広沢の獄舎は広さ一丈、四方を五寸の柱で囲み、横木が三本並び、中央に戸があって鍵がかけられていた。一時はそこに十八人が押し込まれ、横になることもできなかったという。西郷隆盛ともあろう人物の所業とも思えない、非道(ひど)い話である。

西郷隆盛は、賞典禄の財源確保のため、会津藩をはじめとする東北諸藩武力討滅の方針を断固として変えることなく、会津藩公用方広沢富次郎を幽閉したのである。

この冷酷な仕打ちも、偽らざる西郷隆盛の姿である。

「万民平等の思想」に基づき議会開設への道を開いた徳川慶喜の最大の敵は、「万民平等の思想」から派生した「幕末のポピュリズム」だった。そして幕末のポピュリストたちの希望の星が西郷隆盛であったのだ。

慶喜の「幕末のポピュリズム」との戦いは困難を極めた。慶喜の敵は西郷隆盛であり、慶喜の味方は松平容保と新撰組だった。

だがイギリス型公議政体への移行を想定した慶喜の大政奉還は、西郷隆盛ら武力倒幕派に隙を見せただけ、という不毛な結末に終わった。徳川幕府は滅亡し、慶喜は謹慎の身となり、会津藩は全滅して塗炭の苦しみにあえいだのである。

幕府瓦解後の徳川慶喜
（徳川慶朝氏蔵）

そうではあったが、『大政奉還上表文』が示した議会制度への道は、途絶しなかった。

明治七年には国会開設を求める「民撰議院設立建白書」が提出され、明治十三年には「国会期成同盟」が結成され、明治二十三年に念願の衆議院と貴族院からなる「帝国議会」が開設された。

このとき慶喜は五十四歳。静岡で謹慎し投網、乗馬など無為の隠遁生活を送っていた。慶喜を支えて京の治安維持にあたった会津藩も新撰組も、また数多くの心ある幕閣・幕臣らも、何一つ報われることなく、賊軍として、歴史の舞台から去っていた。

国家万民のため、渾身の力を尽くして、成すべきことを成し遂げたうえ、何一つ報われることなく、静かに舞台を去る慶喜の清々たる為政の心こそ、徳川光圀以来の水戸尊皇論の本義なのである。

あとがき

嘉永六年（一八五三年）六月に来航したペリー艦隊は、既に本国政府から、

「もし幕府がアメリカの開国要求を拒否するなら、報復手段として、日本の属国たる大琉球島をアメリカ国旗の監理下においてよい」

との沖縄占領計画を承認されていた。これに対して長州藩士吉田松陰は、

「国書受取を強要する憎きアメリカに、日本刀の切れ味を見せてやりたい」

と反発した。もしこんな暴挙を行っていたらわが国は琉球を失う以上の損害を出しただろう。だから幕府は日米和親条約及び日米通商条約を締結して開国し、独立と平和を守ったのである。

「たぬき親爺」とも揶揄される家康は、秀吉の朝鮮出兵のような外征戦争は行わず、内戦もない平和な時代を実現させた。家康は今川家の人質だった幼少期、今川方の軍師太原雪斎（臨済宗の禅僧）から、

「仁と徳と愛民の心をもった武将に成長して上洛し、弱肉強食の乱れた現世に、人々が安寧に暮らせる平和な理想社会を実現してほしい」

との遠大なる夢を託され、内政・外交・政略・軍略・戦術を学び、それを実践した。

ところがその頃、世界征服を目指すスペイン国王は、

「布教を通じて日本人キリシタンを増やし、日本人をスペイン兵・ポルトガル兵の代わりに明へ攻め込ませ、日本人の流血により、スペイン・ポルトガルが明を征服し、支配する」

という虫のいい計画を策定し、日本へ宣教師を次々に送り込んだ。

家康はスペインの魂胆を薄々知っていたが、「商教分離」による貿易拡大を期待して、慶長九年（一六〇四年）に浦賀へスペイン商船を呼び寄せた。だがスペインの植民地だったフィリピンの総督ドン・ロドリゴは、家康の要望には応じつつも、内心では、

「キリスト教を広く宣教し日本人キリシタンの数を増やせば、今は無理でも、家康・秀忠が死去したのち誕生する新しい権力者がスペイン国王に従うだろう」

と、あくまで日本に侵攻する野望を捨てていなかった。

大坂の陣が慶長十九年（一六一四年）十一月に始まると、マニラへ追放されていたキリシタン大名高山右近の嫡子高山十次郎や高山家の遺臣、関ヶ原の戦いで敗れたキリシタン大名小西行長の家来だった蘆塚忠右衛門や淡輪重政や、キリシタン武将の明石全登らが部下を率いて豊臣方に参陣した。

さらに潜伏していた多数の神父もどこからともなく姿を現わし、大坂城の豊臣秀頼に、

「キリスト教を奉じ公けの会堂を建て宣教師の居住を許するなら、戦さに助力しよう」

と願い出て認められた。宣教師らはキリスト教の布教を条件に大坂方に味方し、キリシタン武将ら約一万人は死物狂いの殉教精神で戦い、徳川軍に大損害を与えたのである。

家康は大坂城落城翌年の元和二年（一六一六年）四月に病死するがその直前、側近に、

「天下は一人の天下に非ず。天下は天下の天下なれば、たとひ他人が天下をとりたりとも、四海安穏にして万民その仁温（じんおん）を蒙（こうむ）らば、これもとより家康が本意にして、いささかもうらみに思うことなし」

と遺言した。家康は、代々の徳川将軍に公儀として善政を行うよう自戒を求めた、といえる。いよいよ臨終を悟った家康は愛刀三池典太を持ってこさせ、二、三度振って切っ先を西へ向けて据えさせ息絶えた。家康が最後まで気がかりだったのは、日本侵略の爪を隠さない西欧列強だったのである。

ドン・ロドリゴの長期的な日本征服戦略は、

「徳川の三代目をスペイン国王の支配下に入れ隷従させる」

ことを目論んだものである。しかし三代目家光は機先を制して、国家安全保障の見地から、布教による間接侵略を封じるため鎖国を断行した。

鎖国とは強国の間接侵略を封じ、弱国が独立と安全を守る一つの選択肢である。家康を神の如く崇拝していた孫の家光は、鎖国という国家安全保証の新手法を発明したといえる。家光は

長崎奉行に有能かつ清廉潔白な旗本を任命して出入国管理を強化し、国際紛争に巻き込まれる根を断ち、欧米列強による間接侵略をシャット・アウトして侵略の芽を摘んだ。だから江戸時代は内戦も外征戦争もない「パックス・トクガワーナ（徳川の平和）」と呼ばれる二百五十余年に及ぶ泰平のもとで経済発展を遂げ、世界の五本の指に入る経済大国となった。これが世界に冠たる「日本の近世」だったのである。

家光は長崎奉行に書を下し、

「もし内戦によって幕府が倒れることがあれば、それは将軍である自分の恥辱であるに過ぎない。しかるにわが日本国の領土が一寸なりとも外国の手に渡れば、これは日本国の恥辱である。長崎奉行はこのことを肝に銘じ、日本国を守るべく尽力せよ」

と厳命した。家光は「売り家と唐様で書く三代目」どころか、文字通り日本の指導者となったのである。

嘉永六年に来航したペリーが「幕府が開国しないなら日本の属国たる大琉球島を占領する」というのだから、わが国としては無条件で開国する以外に選択肢はない。だから徳川慶喜は、井伊大老が通商条約調印の際、やり残した二つの課題、すなわち、

一、条約勅許を得て、国内的合意を形成すること

二、兵庫開港を行い、国際公約を履行すること

を実現し、通商条約の国内的課題と国際的課題の二つを解決して開国を完成させ、欧米列強との対外戦争を回避した。

こののち慶喜は大政を奉還する。幕末の動乱は「尊皇か佐幕か」「攘夷か開国か」で争われたのだが、慶喜は「尊皇・開国」で決着させたのである。

自ら政権を返上した慶喜は、わが国の未来への希望を拓くため、新しい政治体制をイギリス型議会主義に定めようとした。慶喜が考えた大政奉還とは、

「慶喜が指導者となって、開国を成し遂げ、政体をイギリス型の近代的議会主義へ転換すること」

であり、「刀槍の時代」の次は「議会の時代」と考えたのである。

慶喜が目指した議会制度への道は、幕府が消滅した後も、途絶しなかった。明治七年（一八七四年）には国会開設を求める「民撰議院設立建白書」が提出され、明治十三年（一八八〇年）には「国会期成同盟」が結成され、明治二十三年（一八九〇年）、ついに「帝国議会」が開設された。このとき慶喜は五十四歳。世間から忘れ去られ無為の隠遁生活を送っていた。

晩年慶喜は、

「東照公（家康）は日本国のために幕府を開いたが、自分は日本国のために幕府を葬るの任にあたるべし、と覚悟を決めた」

と語ったという。

鳥羽伏見戦のとき、薩長軍五千人に対し、幕府軍は大坂城に二万三千人もの大軍を擁し、さらに薩長を圧倒する海軍力をもっていた。だから本気で戦えば勝てたかもしれない。しかし慶喜は戦わずに江戸へ逃げ帰った。

もし幕府が薩長と戦って内戦になれば、どちらが勝っても多くの尊い人命が失われる。欧米列強との戦争を避けた慶喜にとって最重要課題は、内戦を回避することだったのである。

天下を統一した家康も、対外戦争を回避した。慶喜も「卑怯者」「豚一殿」とあざけられながらも内戦を防ぎ、結果的に欧米の介入を許さなかったのだ。

慶喜は、二百五十余年の「徳川の平和」を、有終の美によって全うしたのである。

令和五年一月

鈴木荘一

主な参考文献

人物叢書「藤田東湖」　鈴木暎一　吉川弘文館
人物叢書「徳川慶喜」　家近良樹　吉川弘文館
徳川慶喜　松浦玲　中央公論社
十五代将軍慶喜　綱淵謙錠　ＰＨＰ研究所
徳川慶喜とその時代がわかる本　永岡慶之助　三笠書房
ペリーは、なぜ日本に来たか　曽村保信　新潮社
ペリー艦隊大航海記　大江志乃夫　朝日文庫
開国のとき―小説阿部正弘　上條俊昭　東洋経済新報社
幕末五人の外国奉行　土居良三　中央公論社
日本の歴史「開国と攘夷」　小西四郎　中央公論社
日本の歴史「明治維新」　井上清　中央公論社
開国・維新　松本健一　中央公論社
幕末・維新　勝部真長監修　実業之日本社
安政の大獄　松岡英夫　中央公論社
「幕末」に殺された男　宮澤真一　新潮社

松平容保	葉治英哉	ＰＨＰ研究所
明治維新とイギリス商人	杉山伸也	岩波書店
幕末の魁、維新の殿	小野寺龍太	弦書房
幕末の長州	田中彰	中央公論新社
高杉晋作	一坂太郎	文芸春秋
坂本龍馬	池田敬正	中央公論新社
大久保一翁	松岡英夫	中央公論社
怪傑！　大久保彦左衛門	百瀬明治	集英社
水戸黄門	鈴木一夫	中央公論新社
日本思想史新論	中野剛志	筑摩書房
近代日本における戊辰戦争の意味	大越哲仁	会津史談

デザイン／長久雅行

明治維新の正体［新書改訂版］

第一刷発行――二〇二三年三月三日
第二刷発行――二〇二三年三月九日

著者――鈴木荘一

編集人――祖山大
発行人――松藤竹二郎
発行所――株式会社 毎日ワンズ

THE MAINICHI 1 ONES 毎日ワンズ

〒一〇一-〇〇六一
東京都千代田区神田三崎町三-一〇-二一
電　話　〇三-五二一一-〇〇八九
FAX　〇三-六六九一-六六八四
http://mainichiwanz.com

印刷製本――株式会社 シナノ

ISBN 978-4-909447-24-1